中华人民共和国劳动争议调解仲裁法

注释本

法律出版社法规中心　编

北京

图书在版编目（CIP）数据

中华人民共和国劳动争议调解仲裁法注释本 / 法律出版社法规中心编. -- 2 版. -- 北京 : 法律出版社, 2021（2023.7 重印）
ISBN 978-7-5197-5953-7

Ⅰ. ①中… Ⅱ. ①法… Ⅲ. ①劳动争议-劳动法-法律解释-中国 Ⅳ. ①D922.591.5

中国版本图书馆 CIP 数据核字（2021）第 190843 号

中华人民共和国劳动争议调解仲裁法注释本
ZHONGHUA RENMIN GONGHEGUO LAODONG ZHENGYI TIAOJIE ZHONGCAIFA ZHUSHIBEN

法律出版社法规中心 编

责任编辑 李争春
装帧设计 李 瞻

出版发行 法律出版社
编辑统筹 法规出版分社
责任校对 王沁陶
责任印制 耿润瑜
经　　销 新华书店

开本 850 毫米×1168 毫米 1/32
印张 3.75 **字数** 115 千
版本 2021 年 11 月第 2 版
印次 2023 年 7 月第 2 次印刷
印刷 三河市兴达印务有限公司

地址：北京市丰台区莲花池西里 7 号（100073）
网址：www.lawpress.com.cn
投稿邮箱：info@lawpress.com.cn
举报盗版邮箱：jbwq@lawpress.com.cn
销售电话：010-83938349
客服电话：010-83938350
咨询电话：010-63939796

书号：ISBN 978-7-5197-5953-7
定价：15.00 元
凡购买本社图书，如有印装错误，我社负责退换。电话：010-83938349

编辑出版说明

现代社会是法治社会，社会发展离不开法治护航，百姓福祉少不了法律保障。遇到问题依法解决，已经成为人们处理矛盾、解决纠纷的不二之选。然而，面对纷繁复杂的法律问题，如何精准、高效地找到法律依据，如何完整、准确地理解和运用法律，日益成为人们“学法、用法”的关键所在。

为了帮助读者快速准确地掌握“学法、用法”的本领，我社开创性地推出了“法律单行本注释本系列”丛书。本丛书自首次出版至今已十余年，历经多次修订完善，现已出版近百个品种，涵盖了社会生活的重要领域，已经成为广大读者学习法律、应用法律之必选图书。

本丛书具有以下特点：

1. 出版机构权威。成立于1954年的法律出版社，是全国首家法律专业出版机构，始终秉承“为人民传播法律”的宗旨，完整记录了中国法治建设发展的全过程，享有“社会科学类全国一级出版社”等荣誉称号，入选“全国百佳图书出版单位”。

2. 编写人员专业。本丛书皆由相关法律领域内的专业人士编写，并引入匿名审稿评估制度，确保图书内容始终紧跟法治进程，反映最新立法动态，体现条文内涵。

3. 法律文本标准。作为专业的法律出版机构，多年来，我社始终使用全国人民代表大会常务委员会公报刊登的法律文本，积淀了丰富的标准法律文本资源，并根据立法进度及时更新相关内容。

4. 条文注解精准。本丛书以立法机关的解读为蓝本，对每个条文提炼出条文主旨，并对重点条文进行注释，使读者能精准掌握立法意图，轻松理解条文内容。

5. 配套附录实用。书末“附录”部分收录的均为重要的相关法律、法规和司法解释，使读者在使用中更为便捷，使全书更为实用。

需要说明的是，本丛书中“适用提要”“条文主旨”“条文注释”等内容皆是编者为方便读者阅读、理解而编写，不同于国家正式通过、颁布的法律文本，不具有法律效力。本丛书不足之处，恳请读者批评指正。

我们用心打磨本丛书，以期为法律相关专业的学生释法解疑，致力于帮助每个公民撑起法律的保护伞。

法律出版社法规中心

2021 年 11 月

目　录

附　　录

《中华人民共和国劳动争议调解仲裁法》适用提要

2007 年 12 月 29 日，第十届全国人民代表大会常务委员会第三十一次会议通过了《劳动争议调解仲裁法》[①]，该法共 4 章 54 条，对以下制度作出了规定和明确：

一、部分劳动争议实行一裁终局

以“一调一裁两审”为主要内容的劳动争议处理制度在我国已延续了多年，烦琐的程序导致劳动争议处理周期过长，劳动者维权成本加大，所以一直以来备受诟病。

《劳动争议调解仲裁法》在起草之初，曾有专家建议，采取“或裁或审制”来解决劳动争议处理周期过长的问题。法律起草者经认真考量后认为，现行的劳动争议处理程序经过了二十多年的实践，已被社会所接受，现有的“一调一裁两审”制度能够充分发挥调解和仲裁的作用，使劳动争议尽可能地在比较平和的气氛中得到解决，尽量少打官司。此外，劳动行政部门也有责任在劳动争议的处理过程中发挥作用。这也是一些国家的通行做法。为此，《劳动争议调解仲裁法》保留了劳动争议仲裁这一必经的前置程序，但同时规定对部分劳动争议实行一裁终局，以此保证利益受损的劳动者尽快获得经济补偿。

① 为方便阅读，本书中法律法规名称均使用简称。——编者注

《劳动争议调解仲裁法》第47条规定,下列劳动争议,除本法另有规定的外,仲裁裁决为终局裁决,裁决书自作出之日起发生法律效力:一是追索劳动报酬、工伤医疗费、经济补偿或者赔偿金,不超过当地月最低工资标准12个月金额的争议;二是因执行国家的劳动标准在工作时间、休息休假、社会保险等方面发生的争议。同时,为使劳动者不丧失对一裁终局劳动争议的诉讼救济权利,《劳动争议调解仲裁法》第48条规定,劳动者对本法第47条规定的仲裁裁决不服的,可以自收到仲裁裁决书之日起15日内向人民法院提起诉讼。

二、劳动争议申请仲裁的时效为1年

《劳动法》规定,当事人申请劳动仲裁的时效为60日。为更好地保护当事人的合法权益,《劳动争议调解仲裁法》延长了劳动争议申请仲裁的时效期间,规定劳动争议申请仲裁的时效期间为1年,仲裁时效期间从当事人知道或者应当知道其权利被侵害之日起计算,并完善了时效中断、中止制度。

此外,《劳动争议调解仲裁法》还规定,劳动关系存续期间因拖欠劳动报酬发生争议的,劳动者申请仲裁不受1年的仲裁时效期间的限制;但是,劳动关系终止的,应当自劳动关系终止之日起1年内提出。

三、明确劳动行政部门责任

在《劳动争议调解仲裁法》草案审议修改的过程中,有些专家提出,目前拖欠劳动报酬等不少问题是由于用人单位违法而造成的,劳动行政部门加强劳动监察,对一些明显的违法行为依法及时处理,可以预防和减少相当一部分劳动争议,从而降低劳动者维权成本。最终出台的《劳动争议调解仲裁法》采纳了这一建议,规定用人单位违反国家规定,拖欠或未足额支付劳动报酬,或者拖欠工伤医疗费、经济补偿或赔偿金的,劳动者可以向劳动行政部门投诉,劳动行政部门应当依法处理。

四、完善当事人司法救济渠道

根据《劳动法》第 79 条规定，劳动争议案件经劳动争议仲裁委员会仲裁是提起诉讼的必经程序。《劳动争议调解仲裁法》第 29 条规定，劳动争议仲裁委员会收到仲裁申请之日起 5 日内，认为符合受理条件的，应当受理，并通知申请人；认为不符合受理条件的，应当书面通知申请人不予受理，并说明理由。对劳动争议仲裁委员会不予受理或者逾期未作出决定的，申请人可以就该劳动争议事项向人民法院提起诉讼。

五、举证责任倒置助劳动者维权

为了切实维护劳动者的合法权益，《劳动争议调解仲裁法》规定，发生劳动争议，当事人对自己提出的主张，有责任提供证据。与争议事项有关的证据属于用人单位掌握管理的，用人单位应当提供；用人单位不提供的，应当承担不利后果。

劳动者无法提供由用人单位掌握管理的与仲裁请求有关的证据，仲裁庭可以要求用人单位在指定期限内提供。用人单位在指定期限内不提供的，应当承担不利后果。

六、关于劳动争议诉讼制度

劳动争议诉讼是劳动争议处理的一个重要环节，也是当事人最终的司法救济渠道。《劳动争议调解仲裁法》对劳动争议诉讼作了与诉讼法衔接性的规定：一是规定劳动争议仲裁委员会对当事人的仲裁申请不予受理的，申请人可以自收到不予受理通知书之日起 15 日内向人民法院提起诉讼。二是规定对《劳动争议调解仲裁法》第 47 条规定的终局裁决案件，当事人可以依法申请人民法院撤销仲裁裁决。三是规定当事人对《劳动争议调解仲裁法》第 47 条规定以外的其他劳动争议案件的仲裁裁决不服的，可以自收到仲裁裁决书之日起 15 日内向人民法院提起诉讼。至于具体诉讼程序，适用《民事诉讼法》的有关规定。

中华人民共和国
劳动争议调解仲裁法

（2007年12月29日第十届全国人民代表大会常务委员会
第三十一次会议通过　2007年12月29日中华人民共和国
主席令第80号公布　自2008年5月1日起施行）

第一章　总　　则

第一条　【立法目的】[①]为了公正及时解决劳动争议，保护当事人合法权益，促进劳动关系和谐稳定，制定本法。

条文注释[②]

本条是关于本法立法目的的规定。

劳动争议，也称"劳动纠纷""劳资争议"，是指用人单位与劳动者在执行劳动方面的法律、法规和劳动合同、集体合同的过程中，因劳动的权利义务发生分歧而引起的争议。

劳动争议的特点是：第一，劳动争议的主体是劳动关系双方，即发生在用人单位和劳动者之间，二者之间形成了劳动关系，因而所发生的争议称为劳动争议；第二，劳动争议必须是因为执行劳动法律、法规或者订立、履行、变更、解除和终止劳动合同而引起的争议。有的争议虽然发生在用人单位和劳动者之间，但争议的内容不涉及劳动合同和其

①② 条文主旨、条文注释为编者所加，仅供参考，下同。——编者注

他执行劳动方面的法律、法规问题,如劳动者与用人单位发生买卖合同方面的纠纷,属于民事争议,而不是劳动争议。

第二条 【适用范围】中华人民共和国境内的用人单位与劳动者发生的下列劳动争议,适用本法:

(一)因确认劳动关系发生的争议;

(二)因订立、履行、变更、解除和终止劳动合同发生的争议;

(三)因除名、辞退和辞职、离职发生的争议;

(四)因工作时间、休息休假、社会保险、福利、培训以及劳动保护发生的争议;

(五)因劳动报酬、工伤医疗费、经济补偿或者赔偿金等发生的争议;

(六)法律、法规规定的其他劳动争议。

条文注释

本条是关于本法适用范围的规定。

本法适用于下列劳动争议事项的处理:

(一)因确认劳动关系发生的争议

劳动关系,是指用人单位招用劳动者为其成员,劳动者在用人单位的管理下提供有报酬的劳动而产生的权利义务关系。因确认劳动关系是否存在而产生的争议属于劳动争议,适用《劳动争议调解仲裁法》。在实践中,一些用人单位不与劳动者签订劳动合同,一旦发生纠纷,劳动者往往因为拿不出劳动合同这一确定劳动关系存在的凭证而难以维权。为了更好地维护劳动者的合法权益,《劳动争议调解仲裁法》将因确认劳动关系发生的争议纳入了劳动争议的处理范围,劳动者可以就确认劳动关系是否存在这一事由,依法向劳动争议调解仲裁机构申请权利救济。

(二)因订立、履行、变更、解除和终止劳动合同发生的争议

劳动合同,是指劳动者与用人单位确立劳动关系、明确双方权利和

义务的协议。用人单位与劳动者的劳动关系，涉及订立、履行、变更、解除和终止劳动合同的全过程。对于这一过程中任何一个环节发生的争议，都可以适用《劳动争议调解仲裁法》来解决。根据《劳动合同法》的规定，用人单位应当自用工之日起即与劳动者建立劳动关系，同时订立书面劳动合同。劳动合同的履行，是指劳动合同在依法订立生效后，双方当事人按照劳动合同约定的条款，完成劳动合同规定的义务，实现劳动合同规定的权利的活动。变更劳动合同，是指用人单位和劳动者双方对依法订立的劳动合同的条款所作的修改和增减，这是在履行劳动合同中发生的一种特殊情况。劳动合同的解除，是指用人单位和劳动者双方在合同期满前，提前终止劳动合同的法律效力，解除双方的权利义务关系的行为。劳动合同的终止，是指劳动合同规定的劳动合同履行期限届满，或者因为双方或者一方当事人出现法定的情形而使劳动合同无法履行，因而双方的劳动合同权利义务关系结束的情形。

（三）因除名、辞退和辞职、离职发生的争议

这一类劳动争议由于用人单位和劳动者解除和终止劳动关系而引发。根据《事业单位人事管理条例》规定，事业单位工作人员连续旷工超过 15 个工作日，或者 1 年内累计旷工超过 30 个工作日的，事业单位可以解除聘用合同。辞退，是指用人单位依照法律规定的条件和程序，解除与其工作人员的工作关系。辞职，是指劳动者根据本人意愿，请求辞去所担任的职务，解除与所在单位的工作关系的行为。离职，是指劳动者离开工作岗位，解除与所在单位的劳动关系的行为。因除名、辞退和辞职、离职发生的争议涉及解除和终止劳动关系，适用《劳动争议调解仲裁法》。

《劳动合同法》规定了过失性辞退和无过失性辞退的情形。《劳动合同法》第 39 条规定，劳动者有下列情形之一的，用人单位可以解除劳动合同：(1)在试用期间被证明不符合录用条件的；(2)严重违反用人单位的规章制度的；(3)严重失职，营私舞弊，给用人单位造成重大损害的；(4)劳动者同时与其他用人单位建立劳动关系，对完成本单位的工作任务造成严重影响，或者经用人单位提出，拒不改正的；(5)因以欺诈、胁迫的手段或者乘人之危，使对方在违背真实意思的情况下订立或者变更劳动合同，致使劳动合同无效的；(6)被依法追究刑事责任的。

《劳动合同法》第40条规定，有下列情形之一的，用人单位提前30日以书面形式通知劳动者本人或者额外支付劳动者1个月工资后，可以解除劳动合同：(1)劳动者患病或者非因工负伤，在规定的医疗期满后不能从事原工作，也不能从事由用人单位另行安排的工作的；(2)劳动者不能胜任工作，经过培训或者调整工作岗位，仍不能胜任工作的；(3)劳动合同订立时所依据的客观情况发生重大变化，致使劳动合同无法履行，经用人单位与劳动者协商，未能就变更劳动合同内容达成协议的。

(四)因工作时间、休息休假、社会保险、福利、培训以及劳动保护发生的争议

因工作时间、休息休假发生的争议，主要涉及用人单位规定的工作时间是否符合有关法律的规定，劳动者是否能够享受到国家规定的法定节假日和带薪休假的权利等而引起的争议。因社会保险发生的劳动争议，主要涉及用人单位是否依照有关法律、法规的规定为劳动者缴纳养老、工伤、医疗、失业、生育等社会保险费用而引起的争议。因福利、培训发生的劳动争议，主要涉及用人单位与劳动者因劳动合同中规定的有关福利待遇、培训等约定事项的履行而产生的争议。因劳动保护发生的劳动争议，主要涉及用人单位是否为劳动者提供符合法律规定的劳动安全、卫生条件等标准而产生的争议。

(五)因劳动报酬、工伤医疗费、经济补偿或者赔偿金等发生的争议

经济补偿，是指根据《劳动合同法》的规定，用人单位解除和终止劳动合同时，应给予劳动者的补偿。根据《劳动合同法》的规定，劳动者因用人单位的过错而单方提出与用人单位解除劳动合同的；或者用人单位因为劳动者存在过错之外的原因而单方决定与劳动者解除劳动合同的；或者用人单位提出动议，与劳动者协商一致解除劳动合同的，应当向劳动者支付经济补偿。同时，在用人单位与劳动者终止固定期限劳动合同或者发生企业破产、责令关闭、吊销执照、提前解散等情形时，也应当向劳动者支付经济补偿。

赔偿金，是指根据《劳动合同法》的规定，用人单位应当向劳动者支付的赔偿金和劳动者应当向用人单位支付的赔偿金。

(六)法律、法规规定的其他劳动争议

这是一项兜底的规定。除了上述劳动争议事项外，法律、行政法规

或者地方性法规规定的其他劳动争议，也要纳入《劳动争议调解仲裁法》的调整范围。

关联法规

《劳动法》第24~28条

《劳动合同法》第39、40条

《最高人民法院关于审理劳动争议案件适用法律问题的解释(一)》第1条

第三条　【解决劳动争议的原则】解决劳动争议，应当根据事实，遵循合法、公正、及时、着重调解的原则，依法保护当事人的合法权益。

条文注释

本条是关于解决劳动争议应当遵循的原则的规定。

解决劳动争议必须根据事实、从实际出发。认清事实，是处理和解决各种争议案件的前提和基础。解决劳动争议必须以依法保护当事人的合法权益为归宿。劳动争议处理制度为双方当事人开通了权利救济渠道，使争议能够依照法律途径解决。解决劳动争议应当遵循合法、公正、及时的原则。坚持公正原则是正确处理劳动争议的基本前提。劳动争议与其他争议的一个重要区别在于，劳动争议与劳动者的生活、企业生产密切相关，一旦发生争议，不仅影响生产、工作的正常进行，而且直接影响劳动者及其家人的生活，甚至影响社会的稳定。因此对劳动争议必须及时处理，及时保护权利受侵害一方的合法权益，以协调劳动关系，维护社会和生产的正常秩序。解决劳动争议应当遵循着重调解的原则。《劳动法》第77条规定："用人单位与劳动者发生劳动争议，当事人可以依法申请调解、仲裁、提起诉讼，也可以协商解决。调解原则适用于仲裁和诉讼程序。"由此可见，着重调解原则包含两方面的内容：一是调解作为解决劳动争议的基本手段贯穿于劳动争议的全过程。即使进入仲裁和诉讼程序，劳动争议仲裁委员会和人民法院在处理劳动争议时，也要先进行调解，调解不成的，才能作出裁决和判决。二是调解必须遵循自愿原则，在双方当事人自愿的基础上进行，不能勉强和强制,否则即使达成协议或者作出调解书,也不能发生法律效力。

关联法规

《劳动法》第77、78条

第四条　【劳动争议当事人的协商和解】发生劳动争议,劳动者可以与用人单位协商,也可以请工会或者第三方共同与用人单位协商,达成和解协议。

条文注释

本条是关于发生劳动争议,劳动者可以与用人单位进行协商和解的规定。

劳动争议的协商,是指发生争议的劳动者与用人单位通过自行协商、劳动者请工会或者第三方共同与用人单位进行协商,从而使矛盾得以化解,当事人自愿就争议事项达成协议,使劳动争议及时得到解决的一种活动。这是解决劳动争议的一个环节。

考虑到劳动者与用人单位相比,通常处于弱势地位,如果单纯由劳动者与用人单位进行协商和解,由于双方存在地位上的不平衡,通常很难达成和解协议,因此本法规定劳动者可以请工会或者第三方共同与用人单位进行协商,目的是通过工会和第三方的介入,促成用人单位与劳动者的协商,进而达成和解协议,充分发挥"协商"这一方式在处理劳动争议方面的作用。这里的"第三方"可以是本单位的人员,也可以是本单位以外的双方都信任的人员。

协商和解成功后,当事人双方应当签订和解协议。这里应当指出的是,协商这一程序,完全是建立在双方当事人自愿的基础上,任何一方,或者第三方都不得强迫另一方当事人进行协商。如果一方当事人不愿协商、协商不成或者达成和解协议后不履行的,另一方当事人仍然可以向劳动争议调解组织申请调解,或者向劳动争议仲裁机构申请仲裁。

关联法规

《劳动法》第77条

《工会参与劳动争议处理试行办法》第6~10条

《企业劳动争议协商调解规定》第9条

第五条 【劳动争议处理制度】发生劳动争议，当事人不愿协商、协商不成或者达成和解协议后不履行的，可以向调解组织申请调解；不愿调解、调解不成或者达成调解协议后不履行的，可以向劳动争议仲裁委员会申请仲裁；对仲裁裁决不服的，除本法另有规定的外，可以向人民法院提起诉讼。

条文注释

本条是关于劳动争议处理制度的规定。

我国目前的劳动争议处理制度可以用“一调一裁两审”来概括，即发生劳动争议后，当事人除可以进行协商外，也可以申请劳动调解；调解不成，或者不愿意调解的，当事人可以向劳动争议仲裁委员会申请仲裁；对仲裁裁决不服的，当事人可以向人民法院提起诉讼，其诉讼程序按照《民事诉讼法》的规定，实行两审终审制。“一调一裁两审”制度将仲裁作为诉讼的一个前置程序，不经仲裁，当事人不能直接向人民法院提起诉讼。

（一）申请调解

劳动争议的调解，是指在劳动争议调解委员会的主持下，在双方当事人自愿的基础上，通过宣传法律、法规、规章和政策，劝导当事人化解矛盾，自愿就争议事项达成协议，使劳动争议及时得到解决的一种活动。发生劳动争议，当事人不愿协商、协商不成或者达成和解协议后不履行的，可以向劳动调解组织申请调解。

（二）申请仲裁

发生劳动争议，当事人不愿调解、调解不成或者达成调解协议后不履行的，可以向劳动争议仲裁委员会申请仲裁。劳动仲裁，是指劳动争议仲裁机构对劳动争议当事人争议的事项，根据劳动方面的法律、法规、规章和政策的规定，依法作出裁决，从而解决劳动争议的一项劳动法律制度。劳动仲裁不同于《仲裁法》规定的一般经济纠纷的仲裁，二者的不同点在于：(1)申请程序不同。一般经济纠纷的仲裁，要求双方当事人在事先或事后达成仲裁协议，然后才能据此向仲裁机构提出仲裁申请；而劳动争议的仲裁，则不要求当事人事先或事后达成仲裁协议，只要当事人一方提出申请，有关仲裁机构即可受理。(2)仲裁机构设置不同。《仲裁法》规定的仲裁机构，主要在直辖市、省会城市及根据需要在其他设区的市设立；而劳动争议仲裁机构，主要是在省、自治区的市、县设立，或者在直辖市的区、县设立。(3)裁决的效力不同。《仲裁法》规定一般经济纠纷的仲裁，"实行一裁终局制度"，即仲裁裁决作出后，当事人就同一纠纷再次申请仲裁或者向人民法院起诉的，仲裁委员会或者人民法院不予受理；劳动争议仲裁，当事人对裁决不服的，除《劳动争议调解仲裁法》规定的几类特殊劳动争议外，可以向人民法院提起诉讼。

（三）向人民法院提起诉讼

如果当事人对劳动争议仲裁委员会的仲裁裁决不服，除本法另有规定的外，可以向人民法院提起诉讼。这里的"除本法另有规定的外"，是指本法第47条规定的一裁终局的情形。

关联法规

《劳动法》第79条

《最高人民法院关于审理劳动争议案件适用法律问题的解释（一）》第4~12条

第六条　【举证责任】发生劳动争议，当事人对自己提出的主张，有责任提供证据。与争议事项有关的证据属于用人单位掌握管理的，用人单位应当提供；用人单位不提供的，应当承担不利后果。

条文注释

本条是关于当事人在劳动争议发生后的举证责任的规定。

举证责任，又称证明责任，是指当事人对自己提出的主张，有提出证据并加以证明的责任。如果当事人未能尽到上述责任，则有可能承担对其不利的法律后果。

举证责任的基本含义包括以下三层：第一，当事人对自己提出的主张，应当提出证据；第二，当事人对自己提供的证据，应当予以证明，以表明所提供的证据能够证明其主张；第三，若当事人对自己的主张不能提供证据或者提供证据后不能证明自己的主张，将可能导致对自己不利的法律后果。

（一）谁主张，谁举证

我国《民事诉讼法》第 67 条规定，当事人对自己提出的主张，有责任提供证据。劳动争议发生以后，调解、仲裁作为非诉讼程序，与诉讼活动一样首先应当查清事实真相，对于双方当事人主张的事实辨明真伪，才能进一步解决劳动争议，满足或者保护当事人合理的利益主张。在劳动争议的调解、仲裁阶段，当事人应当像参加诉讼活动一样，积极举证，提供证据证明自己所主张的事实。

（二）用人单位的特殊举证责任

举证责任分配的基础是公平原则和当事人提供证据的可能性、现实性。公平原则要求举证责任在原告、被告之间的分配应当符合各自的能力要求，符合权利义务要求，并给予弱者一定的保护。

关联法规

《民事诉讼法》第 67 条

《最高人民法院关于审理劳动争议案件适用法律问题的解释（一）》第 42、44 条

第七条　【代表人制度】发生劳动争议的劳动者一方在十人以上，并有共同请求的，可以推举代表参加调解、仲裁或者诉讼活动。

条文注释

本条是关于推举代表参加调解、仲裁或者诉讼活动的规定。

关于代表人的推选，本条规定 10 名以上的劳动者可以推举代表参加调解、仲裁或者诉讼活动。当事人必须推举他们之中的人做代表，而不能选当事人之外的人。关于劳动者推举出的代表人行为的效力，《劳动争议调解仲裁法》没有明确规定。作为一般的民事活动，推举代表人是当事人的意思表示，因此代表人一旦产生，其参加调解、仲裁、诉讼的行为对其所代表的当事人发生效力。但是在某些方面，代表人的行为对其所代表的当事人是无效的，可以参照《民事诉讼法》第 56、57 条的

规定执行。

关联法规

《民事诉讼法》第 56、57 条

《劳动人事争议仲裁办案规则》第 5 条

第八条 【协调劳动关系三方机制】县级以上人民政府劳动行政部门会同工会和企业方面代表建立协调劳动关系三方机制，共同研究解决劳动争议的重大问题。

条文注释

本条是关于协调劳动关系三方机制的规定。

协调劳动关系三方机制，通常也称劳动关系三方原则。具体来说，处理劳动争议的三方协商机制中的“三方”，是指以下三方：(1)政府代表。《工会法》和《劳动法》中都明确规定三方协商机制中的政府代表是劳动行政部门。(2)职工代表。由于三方机制协商劳动关系方面的重大问题，如处理劳动争议的重大共性问题，往往会超出具体企业的范围，在这种情况下，代表职工参加三方协商机制的是中华全国总工会和地方各级总工会。(3)企业组织代表。目前，在中央层面，由中国企业联合会或者中华全国工商业联合会作为企业方代表。三方协商机制从建立之初就着眼于协调劳动关系，促进各方利益主体的一致性，最大限度地追求、实现三方共同利益和共同目标。

关联法规

《劳动合同法》第 5 条

《工会法》第 35 条

第九条 【投诉】用人单位违反国家规定，拖欠或者未足额支付劳动报酬，或者拖欠工伤医疗费、经济补偿或者赔偿金的，劳动者可以向劳动行政部门投诉，劳动行政部门应当依法处理。

条文注释

本条是关于用人单位违反国家规定，拖欠或者未足额支付劳动报酬，或者拖欠工伤医疗费、经济补偿或者赔偿金的，劳动者可以向劳动行政部门进行投诉的规定。

用人单位违反国家规定，拖欠或者未足额支付劳动报酬，或者拖欠工伤医疗费、经济补偿或者赔偿金的，劳动者均可以依法向劳动行政部门举报、投诉，劳动行政部门在查清事实后应当依法处理。这里应当指出的是，劳动争议调解组织、劳动争议仲裁委员会在受理劳动争议案件时，如果发现案件属于上述用人单位违反国家规定，拖欠或者未足额支付劳动报酬，拖欠工伤医疗费、经济补偿或者赔偿金，可以建议劳动者直接向劳动行政部门投诉，由劳动行政部门处理，以节省劳动者维权的时间和成本，使劳动者能在一个相对短的时间内拿到被拖欠的劳动报酬、工伤医疗费、经济补偿或者赔偿金，从而解决其个人和家庭的生计等问题。但是，如果劳动者对上述案件不愿意向劳动行政部门进行投诉，仍坚持走调解、仲裁等劳动争议处理程序，劳动争议调解组织、劳动争议仲裁委员会应当依法予以受理，不能推诿。

关联法规

《劳动合同法》第73、74条

《劳动保障监察条例》第9、11、26条

第二章　调　　解

第十条　【调解组织】发生劳动争议，当事人可以到下列调解组织申请调解：

（一）企业劳动争议调解委员会；

（二）依法设立的基层人民调解组织；

（三）在乡镇、街道设立的具有劳动争议调解职能的组织。

企业劳动争议调解委员会由职工代表和企业代表组成。职工代表由工会成员担任或者由全体职工推举产生，企业代表由企业负责人指定。企业劳动争议调解委员会主任由工会成员或者双方推举的人员担任。

条文注释

本条是关于劳动争议调解组织的规定。

(一)企业劳动争议调解委员会

企业劳动争议调解委员会是企业内部解决劳动争议的组织。由企业劳动争议调解委员会调解劳动争议,有利于将劳动争议解决在企业内部,使劳动关系得以维持,是一种非常好的解决劳动争议的方式。企业劳动争议调解委员会由职工代表和企业代表组成。职工代表由工会成员担任或者由全体职工推举产生,企业代表由企业负责人指定。企业劳动争议调解委员会主任由工会成员或者双方推举的人员担任。

(二)基层人民调解组织

基层人民调解组织是我国解决民间纠纷的组织。人民调解委员会由委员3至9人组成,设主任1人,必要时可以设副主任。人民调解委员会委员每3年改选一次,可以连选连任。人民调解委员会的任务为调解民间纠纷,通过调解工作宣传法律、法规、规章和政策,教育公民遵纪守法,尊重社会公德。

(三)在乡镇、街道设立的具有劳动争议调解职能的组织

区域性的劳动争议调解组织一般由地方政府部门或者地方工会参与,与企业劳动争议调解委员会相比,调解员与企业没有利害关系,调解更有权威性。从实践来看,区域性、行业性劳动争议调解组织作用发挥较好,成效明显。

发生劳动争议,当事人可以向法律规定的三类调解组织申请调解。企业有劳动争议调解委员会的,劳动者可以向其申请调解,也可以向其他调解组织申请调解。

关联法规

《劳动法》第80、81条

《工会法》第29条

《工会参与劳动争议处理试行办法》第11~18条

第十一条 【担任调解员的条件】劳动争议调解组织的调解员应当由公道正派、联系群众、热心调解工作,并具有一定法律知识、政策水平和文化水平的成年公民担任。

条文注释

本条是关于担任劳动争议调解组织调解员的规定。

公民担任调解员，首先自己应当是成年人，具有独立的民事行为能力。根据《民法典》第17条的规定，18周岁以上的自然人为成年人，具有完全民事行为能力。因此，调解员必须年满18周岁，这是担任调解员的最低年龄要求。一般情况下，调解员是年长的、社会阅历丰富的公民。

第十二条　【调解申请】当事人申请劳动争议调解可以书面申请，也可以口头申请。口头申请的，调解组织应当当场记录申请人基本情况、申请调解的争议事项、理由和时间。

条文注释

本条是关于劳动争议调解申请的形式的规定。

调解是解决劳动争议的法定形式之一。书面申请就是采取书写调解申请书的方式，提出调解申请。本法对调解申请书的内容没有作明确规定，实践中，调解申请书应当包括以下内容：(1)申请人的姓名、住址、身份证件号码以及联系方式；被申请人的名称、地址以及法定代表人或者主要负责人的姓名、职务等。(2)发生争议的事实、申请人的主张和理由等。口头申请调解是一种比较灵活的处理劳动争议的形式。口头申请的，调解组织应当当场记录申请人的基本情况，申请调解的争议事项、理由和时间。由于调解程序有时限要求，根据本法第14条第3款的规定，自劳动争议调解组织收到调解申请之日起15日内未达成调解协议的，当事人可以依法申请仲裁。因此，口头申请需要记录申请时间，作为调解组织收到调解申请的时间依据。

第十三条　【调解方式】调解劳动争议，应当充分听取双方当事人对事实和理由的陈述，耐心疏导，帮助其达成协议。

条文注释

本条是关于劳动争议调解方式的规定。

调解劳动争议，就是要做双方当事人的思想工作，以事实为依据，根据法律、法规和政策，陈述利害，晓之以理，动之以情，帮助双方当事人解决分歧，就争议事项达成共识。

第十四条　【调解协议】经调解达成协议的，应当制作调解协议书。

调解协议书由双方当事人签名或者盖章，经调解员签名并加盖调解组织印章后生效，对双方当事人具有约束力，当事人应当履行。

自劳动争议调解组织收到调解申请之日起十五日内未达成调解协议的，当事人可以依法申请仲裁。

条文注释

本条是关于调解协议书和调解协议效力的规定。

调解协议书是劳动争议双方达成调解的书面证明，是一项重要的法律文书。调解协议书主要应当载明争议双方达成的权利和义务的内容、履行协议的期限等。

调解的期限是15日，在15日内未达成协议的视为调解不成，双方当事人都可以向劳动争议仲裁委员会申请仲裁。

关联法规

《最高人民法院关于审理劳动争议案件适用法律问题的解释（一）》第51、52条

《人民调解法》第31条

第十五条　【申请仲裁】达成调解协议后，一方当事人在协议约定期限内不履行调解协议的，另一方当事人可以依法申请仲裁。

条文注释

本条是关于一方当事人不履行调解协议，另一方当事人可以申请仲裁的规定。

达成调解协议后，如果一方当事人不履行调解协议，另一方当事人可以依法申请仲裁，以便使劳动争议尽快得以解决。达成调解协议后，一方当事人在协议约定期限内不履行调解协议的，另一方当事人既可

以以原劳动争议申请仲裁,也可以以调解协议申请仲裁。

第十六条 【支付令】因支付拖欠劳动报酬、工伤医疗费、经济补偿或者赔偿金事项达成调解协议,用人单位在协议约定期限内不履行的,劳动者可以持调解协议书依法向人民法院申请支付令。人民法院应当依法发出支付令。

条文注释

本条是关于劳动者可以向人民法院申请支付令的规定。

支付令是人民法院根据债权人的申请,督促债务人履行债务的程序,是《民事诉讼法》规定的一种法律制度。

本法没有规定申请支付令的程序,只规定"人民法院应当依法发出支付令"。劳动者申请支付令适用《民事诉讼法》的有关规定。根据《民事诉讼法》的规定,申请支付令的程序是:

1. 向人民法院提交申请书。劳动者向人民法院提交的申请书应当写明请求给付劳动报酬、工伤医疗费、经济补偿或者赔偿金的数额和所根据的事实、证据。由于劳动者申请支付令的前提是达成了调解协议,因此,劳动者一般只需要提供调解协议书即可。

2. 向有管辖权的基层人民法院申请。《民事诉讼法》第 24 条规定:"因合同纠纷提起的诉讼,由被告住所地或者合同履行地人民法院管辖。"调解协议具有合同的性质,因此,劳动者可以按照《民事诉讼法》第 24 条的规定确定申请支付令的管辖法院,选择用人单位所在地或者合同履行地基层人民法院管辖。如果两个以上人民法院都有管辖权,根据《民事诉讼法》第 36 条的规定,劳动者可以向其中一个人民法院申请支付令,劳动者向两个以上有管辖权的人民法院申请支付令的,由最先立案的人民法院管辖。

3. 受理。一般来说,申请支付令属于本法列举的因支付拖欠劳动报酬、工伤医疗费、经济补偿或者赔偿金事项达成调解协议范围的,人民法院都应当受理。

4. 审查和决定。劳动者申请支付令的依据是劳动者与用人单位达成的调解协议,双方权利义务关系比较明确,因此,人民法院只要审查调解协议是否合法就可以了,一般只进行书面审查,不需要询问当事人和开庭审查。如果人民法院经过书面审查,认为调解协议合法,应当在15日内向用人单位发出支付令;如果调解协议不合法,就裁定予以驳回。

5. 清偿或者提出书面异议。支付令发出后,用人单位要么按照支付令的要求向劳动者支付拖欠劳动报酬、工伤医疗费、经济补偿或者赔偿金,要么提出书面异议。如果异议成立,人民法院就会裁定终结督促程序,支付令自行失效。

6. 申请执行。用人单位在收到人民法院发出的支付令之日起15日内不提出书面异议,又不履行支付令的,劳动者可以向人民法院申请执行,人民法院应当按照《民事诉讼法》规定的执行程序强制执行。

关联法规

《最高人民法院关于审理劳动争议案件适用法律问题的解释(一)》第13条

《民事诉讼法》第221~224条

《劳动合同法》第30条

第三章 仲 裁

第一节 一般规定

第十七条 【劳动争议仲裁委员会的设立】劳动争议仲裁委员会按照统筹规划、合理布局和适应实际需要的原则设立。省、自治区人民政府可以决定在市、县设立;直辖市人民政府可以决定在区、县设立。直辖市、设区的市也可以设立一个或者若干个劳动争议仲裁委员会。劳动争议仲裁委员会不按行政区划层层设立。

条文注释

本条对劳动争议仲裁委员会的设立作了规定。

劳动争议仲裁委员会,是指依法设立,由法律授权依法独立对劳动争议案件进行仲裁的专门机构。劳动争议仲裁委员会是由人民政府依照本法的有关规定决定设立的代表国家行使仲裁权的国家仲裁机构。

关联法规

《劳动人事争议仲裁组织规则》第2条

第十八条 【制定仲裁规则及指导劳动争议仲裁工作】国务院劳动行政部门依照本法有关规定制定仲裁规则。省、自治区、直辖市人民政府劳动行政部门对本行政区域的劳动争议仲裁工作进行指导。

条文注释

本条是关于国务院劳动行政部门和省、自治区、直辖市人民政府劳动行政部门的职责的规定。

劳动争议仲裁的仲裁规则,是指规范劳动争议仲裁进行的具体程序以及此程序中相应的劳动争议仲裁法律关系的规则。劳动争议仲裁的仲裁规则不是由劳动争议仲裁委员会自行制定或者当事人另外选定,而是由国务院劳动行政部门依照本法的有关规定制定,且其不得违反相关法律对劳动争议仲裁程序方面的强制性规定。劳动争议仲裁的仲裁规则为具体的劳动争议仲裁活动提供了行为规则,直接影响着劳动争议仲裁活动的顺利进行,任何不遵守仲裁规则的行为,均会影响仲裁裁决的效力。

劳动争议仲裁的仲裁规则主要规定当事人和劳动争议仲裁委员会在仲裁程序进行过程中的权利和义务,以及行使这些权利和履行这些义务的方式。其主要内容包括:仲裁管辖,仲裁组织,仲裁申请和答辩,反请求程序,仲裁庭组成程序,审理程序,裁决程序,以及在相应程序中劳动争议仲裁委员会、仲裁员、当事人和其他劳动争议仲裁参加人的相关权利和义务,等等。

第十九条 【劳动争议仲裁委员会的组成及职责】劳动争议仲裁委员会由劳动行政部门代表、工会代表和企业方面代表组成。劳动争议仲裁委员会组成人员应当是单数。

劳动争议仲裁委员会依法履行下列职责:

（一）聘任、解聘专职或者兼职仲裁员；

（二）受理劳动争议案件；

（三）讨论重大或者疑难的劳动争议案件；

（四）对仲裁活动进行监督。

劳动争议仲裁委员会下设办事机构，负责办理劳动争议仲裁委员会的日常工作。

条文注释

本条是关于劳动争议仲裁委员会的组成、职责和办事机构的规定。

本条第1款明确规定了劳动争议仲裁委员会由三方代表组成。《劳动法》第81条明确规定了劳动争议仲裁委员会由劳动行政部门代表、同级工会代表、用人单位方面的代表组成。本法在《劳动法》的基础上，进一步规定了劳动争议仲裁委员会由劳动行政部门代表、工会代表和企业方面代表组成。从《劳动法》到本法，都规定了劳动争议仲裁委员会由三方组成。

1. 劳动行政部门代表。在我国，劳动行政部门代表政府主管全国的劳动和社会保障事务。

2. 工会代表。工会代表作为工会一方的代表，代表了广大职工的利益，工会的参与有利于保护弱势一方劳动者的合法权益。

3. 企业方面代表。即雇主代表组织，在我国主要是指各种形式的企业联合组织，其中主要有中国企业联合会，但在有些地方则可能是各种形式的商会或者其他企业联合组织。企业方面代表参与，有利于对相关法律、法规的充分理解和对当事人的说服、调解。

鉴于劳动争议仲裁委员会由三方代表组成，三方代表的权利和义务相同。仲裁委员会作决定时应当按照少数服从多数的原则进行，故劳动争议仲裁委员会的组成人员应当是单数。

对于一些重大、复杂、敏感的群体性劳资纠纷，由劳动争议仲裁委员会出面集体讨论，更容易发挥劳动关系三方原则的作用，从而促进劳资双方增进了解，尽快达成和解协议。所谓重大案件，是指案情复杂、涉及范围广、争议标的金额较大，案发后案件处理结果的影响较大的案件。所谓疑难案件,是指案件的处理依据不明确,法律适用问题存在争议的案件。

关联法规

《劳动法》第81条

《工会参与劳动争议处理试行办法》第19条

《劳动人事争议仲裁组织规则》第5~7条

第二十条 【仲裁员任职条件】劳动争议仲裁委员会应当设仲裁员名册。

仲裁员应当公道正派并符合下列条件之一:

(一)曾任审判员的;

(二)从事法律研究、教学工作并具有中级以上职称的;

(三)具有法律知识、从事人力资源管理或者工会等专业工作满五年的;

(四)律师执业满三年的。

条文注释

本条是关于劳动争议仲裁员名册和仲裁员任职条件的规定。

劳动争议仲裁的仲裁员,是指由劳动争议仲裁委员会依法聘任后,从事劳动争议裁决工作的人员,包括兼职仲裁员和专职仲裁员。劳动争议仲裁员的任职条件,主要包括道德素养和业务素质两个方面。

关联法规

《劳动人事争议仲裁组织规则》第18~19条

第二十一条 【仲裁管辖】劳动争议仲裁委员会负责管辖本区域内发生的劳动争议。

劳动争议由劳动合同履行地或者用人单位所在地的劳动争议仲裁委员会管辖。双方当事人分别向劳动合同履行地和用人单位所在地的劳动争议仲裁委员会申请仲裁的,由劳动合同履行地的劳动争议仲裁委员会管辖。

条文注释

本条是关于劳动争议仲裁管辖的规定。

劳动争议仲裁管辖,是指确定各个劳动争议仲裁委员会审理劳动争议案件的分工和权限,明确当事人应当到哪一个劳动争议仲裁委员会申请劳动争议仲裁,由哪一个劳动争议仲裁委员会受理的法律制度。

根据本条第2款的规定,劳动争议由劳动合同履行地或者用人单位所在地的劳动争议仲裁委员会管辖。这里的用人单位所在地一般是指用人单位的注册地,用人单位的注册地与经常营业地不一致的,用人单位所在地指用人单位经常营业地。

我国的劳动争议仲裁实行的是特殊地域管辖,不实行级别管辖或者协定管辖。特殊地域管辖,是指依照当事人之间的某一个特殊的联结点确定的管辖。本法以劳动合同履行地和用人单位所在地作为联结点确定劳动争议仲裁管辖,因此是特殊地域管辖。同时,本法不允许双方当事人协议选择劳动合同履行地或者用人单位所在地以外的其他劳动争议仲裁委员会进行管辖。

劳动争议仲裁不实行级别管辖。在出现管辖权争议时,法律明确规定由劳动合同履行地的劳动争议仲裁委员会管辖。

劳动争议的管辖还存在移送管辖情形。移送管辖,是指劳动争议仲裁委员会将已经受理的无管辖权的劳动争议案件移送给有管辖权的劳动争议仲裁委员会。当劳动争议仲裁委员会发现受理的劳动争议案件不属于本仲裁委员会管辖时,应当及时移送给有管辖权的劳动争议仲裁委员会。

关联法规

《劳动人事争议仲裁办案规则》第8、9条

第二十二条　【仲裁案件当事人】发生劳动争议的劳动者和用人单位为劳动争议仲裁案件的双方当事人。

劳务派遣单位或者用工单位与劳动者发生劳动争议的,劳务派遣单位和用工单位为共同当事人。

条文注释

本条对劳动争议仲裁的当事人作了规定。

劳动争议仲裁当事人,是指因劳动权益纠纷,以自己的名义参加劳动争议仲裁活动,请求保护自己的合法权益,并受劳动争议仲裁委员会仲裁裁决约束的直接利害关系人。

劳动争议仲裁当事人具有以下特点:(1)为劳动争议的一方。(2)以自己的名义参加劳动争议仲裁活动。如果不是以自己的名义而是以他人的名义参加劳动争议仲裁活动,如仲裁代理人等,不是劳动争议仲裁的当事人。(3)与案件有直接利害关系。与案件有直接利害关系,是指劳动争议仲裁当事人是劳动权益纠纷的法律关系的主体,是权利的享有者和义务的承担者。与案件没有直接利害关系的第三方,如支持劳动者一方的工会等,不是劳动争议仲裁的当事人。(4)受劳动争议仲裁委员会裁决的约束。劳动争议仲裁委员会作出的裁决,对当事人具有法律上的约束力。虽然以自己的名义参加劳动争议仲裁,但不受劳动争议仲裁委员会的仲裁裁决直接约束的人,如证人、鉴定人,不是劳动争议仲裁的当事人。

在劳动争议仲裁案件中,当事人只能是发生劳动争议的劳动者和用人单位。用人单位是法人的,由其法定代表人参加劳动争议仲裁活动;用人单位是非法人组织的,由其主要负责人参加劳动争议仲裁活动。在因履行集体合同发生的劳动争议仲裁案件中,由工会作为一方当事人,属于特殊情形。

在认定被申请人资格时应注意以下几个问题:

第一,用人单位发生变更的,应以变更后的用人单位作为被申请人。用人单位与其他用人单位合并的,合并前发生的劳动争议,由合并后的用人单位作为当事人;用人单位分立为若干用人单位的,其分立前发生的劳动争议,由分立后承继其劳动权利和义务的实际用人单位作为当事人。用人单位分立为若干单位后,承继其劳动权利和义务的单位不明确的,分立后的单位均为当事人。

第二,用人单位终止的,应区分情况以用人单位的主管部门、开办单位或者依法成立的清算组作为被申请人。

第三,劳动者在其用人单位与其他平等主体之间的承包经营期间,与发包方和承包方双方或者一方发生劳动争议,发包方和承包方为劳动争议的共同当事人。

当事人申请劳动争议仲裁应当具备以下条件:(1)当事人必须是与申请仲裁的劳动争议有直接利害关系的劳动者或者用人单位;(2)申请仲裁的争议必须是劳动争议;(3)申请仲裁的劳动争议必须属于本法第2条规定的劳动争议仲裁的受案范围;(4)当事人必须向有管辖权的劳动争议仲裁委员会申请仲裁;(5)有明确的被申请人、具体的仲裁请求及事实依据;(6)除非遇到不可抗力或者有其他正当理由,申请仲裁必须在本法规定的时效期限内提出。

本条第2款明确规定了劳务派遣单位或者用工单位与劳动者发生劳动争议的,劳务派遣单位和用工单位为共同当事人。劳务派遣的最大特点是劳动力雇佣与劳动力使用相分离,形成“有关系没劳动,有劳动没关系”的特殊用工形态。为了最大限度地保护劳动者的合法权益,《劳动合同法》对劳务派遣问题作出了严格的规范,其中第92条规定,用工单位给被派遣劳动者造成损害的,劳务派遣单位与用工单位承担连带赔偿责任。

关联法规

《劳动合同法》第92条

《劳动人事争议仲裁办案规则》第6、7条

《最高人民法院关于审理劳动争议案件适用法律问题的解释(一)》第26、28~30条

第二十三条　【仲裁案件第三人】与劳动争议案件的处理结果有利害关系的第三人,可以申请参加仲裁活动或者由劳动争议仲裁委员会通知其参加仲裁活动。

条文注释

本条是关于劳动争议仲裁第三人的规定。

劳动争议仲裁中的第三人,是指与劳动争议案件的处理结果有法律上的利害关系,仲裁程序开始后参加进来以维护自己的合法权益的人。

一般来说,劳动争议必须有申请人和被申请人两方当事人,但在个别情况下,也可能出现第三人参加劳动争议仲裁活动的情形。在第三人参加劳动争议仲裁活动时应注意以下几个方面的问题:(1)第三人与案件处理结果有法律上的利害关系。(2)第三人参加仲裁活动有两种方式,即第三人申请参加仲裁,或者由劳动争议仲裁委员会通知第三人参加仲裁。(3)第三人参加仲裁的时间应在劳动争议仲裁程序开始后且尚未作出仲裁裁决之前。(4)凡是涉及第三人利益的劳动争议仲裁案件,第三人未参加仲裁的,仲裁裁决对其不发生法律效力。(5)参加仲裁活动的第三人,如对仲裁裁决其承担责任不服,可以依法向人民法院提起诉讼。(6)在仲裁中,第三人的具体权利义务主要表现为:①有权了解申请人申诉、被申请人答辩的事实和理由;②有权要求查阅和复制案卷的有关材料,了解仲裁的进展情况;③有权陈述自己的意见,并向劳动争议仲裁委员会递交自己对该争议的意见书;④无权对案件的管辖权提出异议;⑤无权放弃或者变更申请人或者被申请人的仲裁请求;⑥无权撤回仲裁申请等。

另外,根据《劳动合同法》第91条的规定,用人单位招用与其他用人单位尚未解除或者终止劳动合同的劳动者,给其他用人单位造成损失的,应当承担连带赔偿责任。在这种情形下,原用人单位与劳动者发生劳动争议的,可以列新用人单位为第三人。

关联法规

《劳动合同法》第91条

《最高人民法院关于审理劳动争议案件适用法律问题的解释(一)》第27条

第二十四条 【委托代理】当事人可以委托代理人参加仲裁活动。委托他人参加仲裁活动,应当向劳动争议仲裁委员会提交有委托人签名或者盖章的委托书,委托书应当载明委托事项和权限。

条文注释

本条是关于委托代理的规定。

代理是代理人在代理权的范围内,以被代理人的名义或者以自己的名义独立与第三人为民事行为,由此产生的法律效果直接或者间接归属于被代理人的法律制度。在代理制度中,以他人名义或者自己名义为他人实施民事行为的人,称为代理人。由他人代为实施民事行为的人,称为被代理人。

代理包括委托代理和法定代理。委托代理,是指基于被代理人的委托授权而发生的代理。委托代理人按照被代理人的委托行使代理权。法定代理人依照法律的规定行使代理权。委托代理权的产生通常以委托合同和委托授权行为两个法律行为同时有效存在为前提。法定代理,是指基于法律的直接规定而发生的代理。法定代理主要适用于被代理人为无民事行为能力或限制行为能力人的情况。

仲裁代理,是指根据法律规定或者当事人的委托,代理人以被代理人的名义代为参加仲裁活动。仲裁代理制度使当事人可以利用他人的能力参加仲裁,更好地通过仲裁维护自己的合法权益。仲裁代理同样也可以分为委托仲裁代理、法定仲裁代理和指定仲裁代理。本条是关于委托仲裁代理制度的规定。委托仲裁代理,是指受当事人的委托,代理人以被代理人的名义代为参加仲裁活动的制度。委托仲裁代理具有以下特征:(1)代理权的发生基于当事人的意思表示,即代理权基于当事人的授权而发生,而非法律的规定或者仲裁委员会的指定。(2)代理权限由当事人决定,而非法律规定。(3)当事人委托他人参加仲裁活动,应当向劳动争议仲裁委员会提交委托书。

关联法规

《民法典》第165~172条

第二十五条 【法定代理和指定代理】丧失或者部分丧失民事行为能力的劳动者,由其法定代理人代为参加仲裁活动;无法定代理人的,由劳动争议仲裁委员会为其指定代理人。劳动者死亡的,由其近亲属或者代理人参加仲裁活动。

条文注释

本条是关于法定代理和指定代理的规定。

本条对法定代理和指定代理进行规定的目的是保护丧失或者部分丧失民事行为能力的劳动者的利益。本条所指的法定代理人，是指根据法律的规定行使代理权，代理当事人参加仲裁活动的人，适用于被代理人虽为成年人，但因疾病、伤害等情况丧失或者部分丧失民事行为能力的人。一般认为，在劳动争议仲裁中，丧失或者部分丧失民事行为能力的劳动者的监护人是他的法定代理人。法定代理是法律为保护被代理人合法权益而设立的一项法律制度。法定代理人没有充分理由，不得拒绝代理。在仲裁程序中，法定代理人的代理权因下列情形之一而终止：(1)被代理人恢复了行为能力；(2)被代理人死亡；(3)法定代理人死亡或者丧失行为能力；(4)法定代理人失去对被代理人的亲权或者监护权。

关联法规

《民事诉讼法》第 60 条

《民法典》第 175 条

第二十六条　【仲裁公开进行及例外】劳动争议仲裁公开进行，但当事人协议不公开进行或者涉及国家秘密、商业秘密和个人隐私的除外。

条文注释

本条是关于劳动争议仲裁公开进行及其例外情形的规定。

劳动争议仲裁公开进行，是指仲裁庭公开开庭审理劳动争议。仲裁公开是劳动争议仲裁的一项重要制度。但是，一些特殊案件如果公开进行，可能不利于对当事人权益的保护，带来消极的社会影响，甚至给国家利益、社会利益造成巨大损失。因此，本条规定劳动争议双方当事人协议不公开，或者劳动争议涉及国家秘密、商业秘密和个人隐私的，仲裁不公开进行。

根据《保守国家秘密法》第 2 条的规定，“国家秘密是关系国家安全和利益，依照法定程序确定，在一定时间内只限一定范围的人员知悉的事项。”《保守国家秘密法》第 9 条规定：“下列涉及国家安全和利益的事项，泄露后可能损害国家在政治、经济、国防、外交等领域的安全和利益的,应当确定为国家秘密:(一)国家事务重大决策中的秘密事项;(二)国防建设和武装力量活动中的秘密事项;(三)外交和外事活动中的秘密事项以及对外承担保密义务的秘密事项;(四)国民经济和社会发展中的秘密事项;(五)科学技术中的秘密事项;(六)维护国家安全活动和追查刑事犯罪中的秘密事项;(七)经国家保密行政管理部门确定的其他秘密事项。政党的秘密事项中符合前款规定的,属于国家秘密。"

商业秘密,是指构成一个企业竞争优势的任何不为他人所知悉的商业信息。除持有人以外的任何人未经许可使用这些信息,便是一种失去商业信誉的侵权行为。

个人隐私,是指个人不愿意为他人所知晓和干预的私人生活,包括私人生活不受他人非法干扰,私人信息不受他人非法收集、公开等。规定涉及个人隐私的案件不进行公开裁决,有利于对当事人合法权益的保护,是对个人隐私权的尊重。

仲裁作为解决争议的一种重要方式,具有尊重双方当事人的意思自治的特点。因此,劳动争议仲裁中,除上述涉及国家秘密、商业秘密以及个人隐私的情况外,双方当事人达成不公开审理的协议的,也不进行公开审理。

关联法规

《保守国家秘密法》第2、9条

第二节 申请和受理

第二十七条 【仲裁时效】劳动争议申请仲裁的时效期间为一年。仲裁时效期间从当事人知道或者应当知道其权利被侵害之日起计算。

前款规定的仲裁时效,因当事人一方向对方当事人主张权利,或者向有关部门请求权利救济,或者对方当事人同意履行义务而中断。从中断时起,仲裁时效期间重新计算。

因不可抗力或者有其他正当理由，当事人不能在本条第一款规定的仲裁时效期间申请仲裁的，仲裁时效中止。从中止时效的原因消除之日起，仲裁时效期间继续计算。

劳动关系存续期间因拖欠劳动报酬发生争议的，劳动者申请仲裁不受本条第一款规定的仲裁时效期间的限制；但是，劳动关系终止的，应当自劳动关系终止之日起一年内提出。

条文注释

本条是关于申请仲裁的时效期间的规定。

仲裁时效，是指权利人于一定期间内不行使请求劳动争议仲裁机构保护其民事权利的请求权，就丧失该请求权的法律制度。

仲裁时效期间从当事人知道或者应当知道其权利被侵害之日起计算。权利人知道自己的权利遭到了侵害，这是其请求劳动争议仲裁机构保护其权利的基础。从这一时间点开始计算仲裁时效期间，符合仲裁时效是权利人请求仲裁机构保护其权利的法定期间的本意。知道权利遭受了侵害，指权利人主观上已了解自己的权利被侵害的事实；应当知道权利遭受了侵害，指权利人尽管主观上不了解自己的权利已被侵害的事实，但根据他所处的环境，有理由认为他已了解自己的权利被侵害的事实，他对侵害的不知情，出于对自己的权利未尽到必要的注意义务或将其作为推延仲裁时效期间起算点的借口的情况。仲裁时效的起算，以权利人的权利客观上受到了侵害且权利人主观上已知晓自己的权利被侵害的事实为构成要件。权利人主观上认为自己的权利受到了侵害，而事实上其权利并未受到侵害的，不能计算仲裁时效期间。

仲裁时效的中断，是指在仲裁时效进行期间，因发生法定事由致使已经经过的仲裁时效期间统归无效，待时效中断事由消除后，重新开始计算仲裁时效期间。仲裁时效中断的法定事由有三种情形：(1) 向对方当事人主张权利。例如，劳动者向用人单位讨要被拖欠的工资或者经济补偿。(2) 向有关部门请求权利救济。例如，劳动者向劳动监察部门或者工会反映用人单位违法要求加班，请求保护休息权利；又如，劳动者或用人单位向劳动争议调解组织申请调解。(3) 对方当事人同意履行义务。例如,劳动者向用人单位讨要被拖欠的工资,用人单位同意支付。需要注意的是,认定时效是否中断,需要由请求确认仲裁时效中断的一方当事人提供有上述三种情形之一的证据。因此,需要当事人有证据意识,注意保留和收集证据。

仲裁时效的中止,是指在仲裁时效进行中的某一阶段,因发生法定事由致使权利人不能行使请求权,暂停计算仲裁时效,待阻碍时效进行的事由消除后,继续进行仲裁时效期间的计算。仲裁时效的中止是因权利人不能行使请求权而发生,因而发生仲裁时效中止的事由应是阻碍权利人行使权利的客观事实及无法预知的客观障碍。在发生仲裁时效中止时,已经进行的诉讼时效仍然有效,而仲裁时效中止的时间不计入仲裁时效期间,也就是说,将仲裁时效中止前后仲裁时效进行的时间合并计算仲裁时效期间。

第二十八条 【仲裁申请】申请人申请仲裁应当提交书面仲裁申请,并按照被申请人人数提交副本。

仲裁申请书应当载明下列事项:

(一)劳动者的姓名、性别、年龄、职业、工作单位和住所,用人单位的名称、住所和法定代表人或者主要负责人的姓名、职务;

(二)仲裁请求和所根据的事实、理由;

(三)证据和证据来源、证人姓名和住所。

书写仲裁申请确有困难的,可以口头申请,由劳动争议仲裁委员会记入笔录,并告知对方当事人。

条文注释

本条是关于仲裁申请书的规定。

以书面形式申请仲裁,不仅有利于明确表达申请人的仲裁请求及其所根据的事实和理由,也有利于劳动争议仲裁委员会进行审查,决定是否受理该仲裁申请,以及在决定受理该仲裁申请后,向被申请人转达申请人的仲裁请求及其依据,方便被申请人行使答辩的权利,便于仲裁活动的进行。因此,当事人申请仲裁,应当以书面方式向劳动争议仲裁委员会提交仲裁申请书。申请人提交书面仲裁申请,应按照被申请人人数递交相应份数的仲裁申请书副本。劳动争议仲裁委员会保留的一份为正本,送达被申请人的各份为副本。

仲裁请求所根据的事实和理由包括:当事人之间纠纷形成的事实,双方当事人争执的焦点,仲裁请求的依据和理由,适用的法律,等等。

在通常情况下,申请人申请仲裁应当向劳动争议仲裁委员会提交书面申请,只有在书写仲裁申请确实有困难的情况下,才可以以口头方式向劳动争议仲裁委员会提出仲裁申请。此处所说的“书写仲裁申请确有困难”,一般是指申请人本人因文化水平低或法律知识欠缺而造成的自行书写仲裁申请确有困难的情形。申请人以口头方式提起仲裁申请,由劳动争议仲裁委员会记入笔录。笔录应由申请人签名或盖章,与书面仲裁申请具有同等效力。劳动争议仲裁委员会既可以将抄录的申请人口述笔录送给被申请人,也可以将申请人口述笔录的主要内容口头告知被申请人。

第二十九条 【仲裁申请的受理和不予受理】劳动争议仲裁委员会收到仲裁申请之日起五日内,认为符合受理条件的,应当受理,并通知申请人;认为不符合受理条件的,应当书面通知申请人不予受理,并说明理由。对劳动争议仲裁委员会不予受理或者逾期未作出决定的,申请人可以就该劳动争议事项向人民法院提起诉讼。

条文注释

本条是关于仲裁申请的受理与不受理的规定。

劳动争议仲裁委员会受理当事人的仲裁申请后,应当从以下几个方面对仲裁申请进行审查:(1)是否属于劳动争议。(2)是否属于受理的劳动争议仲裁委员会管辖。(3)申请人与申请仲裁的事项是否有直接利害关系。(4)是否有明确的被申请人。(5)是否有具体的仲裁请求和事实、理由。劳动争议仲裁委员会经过审查,认为符合上述条件的,应当在收到仲裁申请之日起5日内受理。本条规定的“五日”,是指工作日,不含法定节假日。

本法未对劳动争议仲裁委员会对仲裁申请不予受理或者逾期未作出受理决定时,申请人向人民法院提出诉讼的期间作出规定。因此,提起诉讼的期间适用民事诉讼时效的规定。

关联法规

《最高人民法院关于审理劳动争议案件适用法律问题的解释（一）》第5~12条

《劳动人事争议仲裁办案规则》第75条

第三十条　【送达仲裁申请书与提交仲裁答辩书】劳动争议仲裁委员会受理仲裁申请后，应当在五日内将仲裁申请书副本送达被申请人。

被申请人收到仲裁申请书副本后，应当在十日内向劳动争议仲裁委员会提交答辩书。劳动争议仲裁委员会收到答辩书后，应当在五日内将答辩书副本送达申请人。被申请人未提交答辩书的，不影响仲裁程序的进行。

条文注释

本条是关于受理后的仲裁准备工作的规定。

答辩既可以针对实体方面的内容，也可以针对程序方面的内容。在实体方面重点是要针对申请人的仲裁请求及其所依据的事实和理由进行反驳和辩解，阐明自己的主张和根据，并可以提出反请求。在程序方面主要是申请人无权提起仲裁，劳动争议仲裁委员会无权管辖等。在实践中，被申请人不作答辩的现象比较普遍，被申请人未提交答辩书的，不影响劳动争议仲裁委员会对案件的审理，也不影响仲裁程序的进行，这是保证开庭审理顺利进行的必要规定。

第三节　开庭和裁决

第三十一条　【仲裁庭组成】劳动争议仲裁委员会裁决劳动争议案件实行仲裁庭制。仲裁庭由三名仲裁员组成，设首席仲裁员。简单劳动争议案件可以由一名仲裁员独任仲裁。

条文注释

本条是关于劳动争议仲裁案件实行仲裁庭制的规定。

劳动争议仲裁委员会受理劳动争议案件后，根据案件的不同情况，在已聘任的仲裁员中选择一名或者三名仲裁员组成临时性的仲裁庭，对该案件进行仲裁。仲裁庭在仲裁委员会领导下处理劳动争议案件，实行一案一庭制。

第三十二条 【书面通知仲裁庭组成情况】劳动争议仲裁委员会应当在受理仲裁申请之日起五日内将仲裁庭的组成情况书面通知当事人。

条文注释

本条是关于劳动争议仲裁委员会通知当事人仲裁庭组成情况的规定。

劳动争议仲裁委员会将仲裁庭的组成情况告知双方当事人，有利于双方当事人了解仲裁员的背景情况，增加当事人对仲裁庭及其裁决的认可和信任，同时也是双方当事人行使回避申请权的前提，便于当事人对仲裁员的监督，保障双方当事人的合法权益。

第三十三条 【仲裁员回避】仲裁员有下列情形之一，应当回避，当事人也有权以口头或者书面方式提出回避申请：

（一）是本案当事人或者当事人、代理人的近亲属的；

（二）与本案有利害关系的；

（三）与本案当事人、代理人有其他关系，可能影响公正裁决的；

（四）私自会见当事人、代理人，或者接受当事人、代理人的请客送礼的。

劳动争议仲裁委员会对回避申请应当及时作出决定，并以口头或者书面方式通知当事人。

条文注释

本条是关于仲裁员回避制度的规定。

仲裁员回避，是指仲裁委员会在仲裁劳动争议案件时，仲裁庭成员认为自己不适宜参加本案审理的，依照法律的规定，自行申请退出仲裁，或者当事人认为由于某种原因仲裁庭成员可能存在裁决不公的情形，申请要求其退出仲裁活动。回避方式主要有两种：一是自行回避；二是当事人提出回避。自行回避，是指仲裁庭成员知道自己具有应当回避的情形，主动向劳动争议仲裁委员会提出回避的申请，即主动说明情况，提出不参加案件的审理。当事人提出回避，是指仲裁庭成员明知自己应当回避而不自行回避或者不知道、不认为自己具有应当回避的情形，因而没有自行回避的，仲裁案件的双方当事人（劳动者和用人单位以及他们的法定代理人）有权向劳动争议仲裁委员会提出申请，要求仲裁庭成员回避。

关联法规

《劳动人事争议仲裁办案规则》第 12 条

第三十四条 【仲裁员的法律责任】仲裁员有本法第三十三条第四项规定情形，或者有索贿受贿、徇私舞弊、枉法裁决行为的，应当依法承担法律责任。劳动争议仲裁委员会应当将其解聘。

条文注释

本条是关于仲裁员法律责任的规定。

法律责任分为民事责任、刑事责任、行政责任和违宪责任。《刑法》第 399 条之一规定，依法承担仲裁职责的人员，在仲裁活动中故意违背事实和法律作枉法裁决，情节严重的，处 3 年以下有期徒刑或者拘役；情节特别严重的，处 3 年以上 7 年以下有期徒刑。

第三十五条 【开庭通知与延期开庭】仲裁庭应当在开庭五日前，将开庭日期、地点书面通知双方当事人。当事人有正当理由的，可以在开庭三日前请求延期开庭。是否延期，由劳动争议仲裁委员会决定。

条文注释

本条是关于开庭日期的规定。

在确定开庭日期后,仲裁庭应当在开庭5日前,将开庭日期、地点书面通知双方当事人。

延期开庭,是指在仲裁庭通知当事人开庭审理日期后且开庭3日前,由于出现法定事由,导致仲裁审理程序无法按期进行的,当事人提出延期审理的请求,经仲裁委员会同意,将仲裁审理推延到另一日期进行的行为。延期开庭由当事人提出请求后,仲裁庭作出决定,这里的当事人指双方当事人,既可以是申请人,也可以是被申请人。

《民事诉讼法》第149条规定:"有下列情形之一的,可以延期开庭审理:(一)必须到庭的当事人和其他诉讼参与人有正当理由没有到庭的;(二)当事人临时提出回避申请的;(三)需要通知新的证人到庭,调取新的证据,重新鉴定、勘验,或者需要补充调查的;(四)其他应当延期的情形。"正当理由主要包括以下几种情形:(1)当事人由于不可抗力的事由或其他特殊情况不能到庭的,如当事人患重大疾病或遭受其他身体伤害影响其行使权利的。(2)当事人在仲裁审理中临时提出回避申请的。申请回避是当事人的一项重要权利,一般来说当事人应当在知道仲裁庭成员名单后开庭之前提出回避申请。但是,当事人事先并不知道仲裁员存在应当回避的情形,或者当事人可以申请回避的情形,如仲裁员接受另一方当事人的贿赂等,发生在仲裁审理过程中的,当事人仍有权提出回避申请。(3)需要调取新的证据进行重新鉴定、勘验的。实践中,劳动争议仲裁委员会应当参照有关法律、法规的规定,结合实际情况,判断当事人的申请是否有正当理由。

关联法规

《民事诉讼法》第149条

第三十六条 【视为撤回仲裁申请和缺席裁决】申请人收到书面通知,无正当理由拒不到庭或者未经仲裁庭同意中途退庭的,可以视为撤回仲裁申请。

被申请人收到书面通知,无正当理由拒不到庭或者未经仲裁庭同意中途退庭的,可以缺席裁决。

条文注释

本条是关于当事人无正当理由拒不到庭或者未经仲裁庭同意中途退庭如何处理的规定。

视为撤回仲裁申请,是指劳动争议仲裁的申请人虽然未主动提出撤回仲裁的申请,但是,申请人出现法律规定的情形用行动已经表明其不愿意继续进行仲裁的,可以按照申请人撤回仲裁申请处理,从而终结对劳动争议案件的仲裁。这里需要注意的是,申请人必须收到书面的开庭通知,无正当理由拒不到庭,或者申请人未经仲裁庭同意中途退庭的,才可视为撤回仲裁申请。否则,可能导致延期开庭,而不是视为撤回仲裁申请。

缺席裁决,是指只有申请人到庭参与仲裁审理时,仲裁庭仅就到庭人的申请进行调查,审查核实证据,听取意见,并对未到庭的被申请人提供的书面资料进行审查后,即作出仲裁裁决的仲裁活动。同样需要注意的是,被申请人必须是经仲裁庭书面通知,无正当理由拒不到庭或者未经仲裁庭同意中途退庭的,才可以进行缺席裁决,否则也可能导致延期开庭。

关联法规

《劳动人事争议仲裁办案规则》第39条

第三十七条 【鉴定】仲裁庭对专门性问题认为需要鉴定的,可以交由当事人约定的鉴定机构鉴定;当事人没有约定或者无法达成约定的,由仲裁庭指定的鉴定机构鉴定。

根据当事人的请求或者仲裁庭的要求,鉴定机构应当派鉴定人参加开庭。当事人经仲裁庭许可,可以向鉴定人提问。

条文注释

本条是关于劳动争议仲裁中鉴定问题的规定。

劳动争议仲裁案件经常涉及的鉴定包括劳动能力鉴定、职业病鉴定等。本条就鉴定程序的启动、鉴定机构的确定、鉴定人参加开庭作了一般规定。

第三十八条 【质证、辩论】当事人在仲裁过程中有权进行质证和辩论。质证和辩论终结时,首席仲裁员或者独任仲裁员应当征询当事人的最后意见。

条文注释

本条是关于劳动争议仲裁中质证和辩论问题的规定。

证据应当在法庭上出示,由当事人质证。这里的质证,是指当事人在仲裁庭的主持下,对对方当事人提供的证据的真实性、关联性和合法性提出质疑,否定其证明力的活动。质证时,当事人应当围绕证据的真实性、关联性、合法性,针对证据证明力的有无以及证明力的大小,进行质疑、说明与辩驳。

当事人在仲裁过程中有权进行辩论。这里的辩论,是指在仲裁庭的主持下,双方当事人就争议的事实认定问题和法律适用问题,各自陈述己方的主张和根据,挑战对方的主张和根据,并对对方的挑战进行反驳,以维护己方合法权益的活动。通过双方当事人的辩论,仲裁庭可以进一步查清事实,确定定案的根据,正确适用法律,最终作出公正的裁决。

第三十九条 【证据及举证责任】当事人提供的证据经查证属实的,仲裁庭应当将其作为认定事实的根据。

劳动者无法提供由用人单位掌握管理的与仲裁请求有关的证据,仲裁庭可以要求用人单位在指定期限内提供。用人单位在指定期限内不提供的,应当承担不利后果。

条文注释

本条是关于劳动争议仲裁中证据问题的规定。

证据,是指证明主体提供的用来证明案件事实的材料。证据经查证属实的,才能作为仲裁庭认定事实的根据。所谓查证属实,是指证据在仲裁庭的主持下,经当事人出示、对方质证和仲裁庭认证,认为证据具有真实性、关联性和合法性。

下列证据不能单独作为认定案件事实的依据:(1)未成年人所作的

与其年龄和智力状况不相当的证言;(2)与一方当事人或者其代理人有利害关系的证人出具的证言;(3)存有疑点的视听资料;(4)无法与原件、原物核对的复印件、复制品;(5)无正当理由未出庭作证的证人证言。当事人对自己的主张,只有本人陈述而不能提出其他相关证据的,其主张不予支持。但对方当事人认可的除外。

因证据的证明力无法判断导致争议事实难以认定的,劳动争议仲裁委员会应当依据举证责任分配原则作出裁决。

劳动争议仲裁涉及的证据种类包括当事人的陈述、书证、物证、视听资料、电子数据、证人证言、鉴定意见、勘验笔录等。

关联法规

《民事诉讼法》第66~76条

第四十条 【仲裁开庭笔录】仲裁庭应当将开庭情况记入笔录。当事人和其他仲裁参加人认为对自己陈述的记录有遗漏或者差错的,有权申请补正。如果不予补正,应当记录该申请。

笔录由仲裁员、记录人员、当事人和其他仲裁参加人签名或者盖章。

条文注释

本条是关于劳动争议仲裁开庭笔录的规定。

劳动争议仲裁开庭笔录,是指劳动争议仲裁庭记录人员制作的,如实反映劳动争议仲裁庭开庭审理劳动争议案件过程中仲裁员、当事人以及其他仲裁参加人陈述意见、互相质证、进行辩论、变更请求、庭前调解等活动的书面记录。劳动争议仲裁开庭笔录必须全面、准确、真实、清楚。记录人员必须忠实于庭审过程的实际情况,对仲裁员和当事人的言论,均应尽量记录原话,不得随意引申、发挥。

第四十一条 【当事人自行和解】当事人申请劳动争议仲裁后,可以自行和解。达成和解协议的,可以撤回仲裁申请。

条文注释

本条是关于劳动争议仲裁中当事人自行和解的规定。

劳动争议仲裁当事人自行和解,是指在劳动争议案件中,一方当事人申请劳动争议仲裁后,当事人之间通过协商就已经提交仲裁的劳动争议自行达成解决方案的行为。当事人申请劳动争议仲裁庭根据和解协议制作调解书的,仲裁庭在对和解协议依法进行审查,确认意思真实、合法有效后,可以根据和解协议制作调解书。仲裁庭对和解协议审查确认后制作的调解书,应当由仲裁员签名,并加盖劳动争议仲裁委员会的印章。调解书应当写明仲裁请求和当事人协议的结果。

当事人撤回仲裁申请后,如果一方当事人逾期不履行和解协议,另一方当事人可以向劳动争议仲裁机构重新申请仲裁。由于和解协议不具有强制执行力,因此当事人不能直接向人民法院申请强制执行。但是,仲裁庭根据当事人的申请,对和解协议进行审查确认后制作的调解书具有强制执行力,一方当事人逾期不履行的,另一方当事人可以依照《民事诉讼法》的有关规定直接向人民法院申请强制执行。

第四十二条　【仲裁庭调解】仲裁庭在作出裁决前,应当先行调解。

调解达成协议的,仲裁庭应当制作调解书。

调解书应当写明仲裁请求和当事人协议的结果。调解书由仲裁员签名,加盖劳动争议仲裁委员会印章,送达双方当事人。调解书经双方当事人签收后,发生法律效力。

调解不成或者调解书送达前,一方当事人反悔的,仲裁庭应当及时作出裁决。

条文注释

本条是关于在仲裁程序中进行调解的规定。

调解既是一种审理活动,又是一种结案方式。通过仲裁调解的形式解决纠纷,既有利于增强当事人之间的团结,减少当事人之间的隔阂,防止矛盾的激化;也有利于彻底解决纠纷和提高办案效率,避免仲裁案件的拖延,从而节省人力、物力、财力,提高仲裁效率。

调解书,是指仲裁庭制作的对当事人劳动争议进行调解的过程和结果进行记载的具有约束力的法律文书,是经双方当事人协商并经仲裁庭批准的协议。与裁决书一经作出就发生法律效力不同,调解书不是作出后马上生效,而是要由双方当事人签收后才生效。

调解书的法律效力主要表现在:(1)使仲裁程序终结。调解书一经生效,仲裁程序即告结束,仲裁机构不再对该案进行审理。这是调解书在程序上的法律后果。(2)纠纷当事人的权利义务关系被确定。这是调解书在实体上的法律后果。(3)任何机关或组织都要受调解书约束。也就是说,对于仲裁机构出具了调解书的争议,任何机关或组织都不得再作处理。

调解不成或调解书送达前一方当事人反悔的,仲裁庭应及时作出裁决。这是因为达成调解协议的过程就是仲裁庭的审理过程,制作调解书就意味着仲裁庭的审理已经完毕。若当事人拒绝签收调解书,仲裁庭没有必要再经过仲裁程序重复已经完成的审理,直接裁决即可。因当事人拒绝签收调解书而使调解无效时,仲裁庭可以直接作出裁决,以免久调不决,使当事人的权利义务关系长期处于不确定状态。

关联法规

《劳动人事争议仲裁办案规则》第68~73条

第四十三条 【仲裁审理期限及先行裁决】仲裁庭裁决劳动争议案件,应当自劳动争议仲裁委员会受理仲裁申请之日起四十五日内结束。案情复杂需要延期的,经劳动争议仲裁委员会主任批准,可以延期并书面通知当事人,但是延长期限不得超过十五日。逾期未作出仲裁裁决的,当事人可以就该劳动争议事项向人民法院提起诉讼。

仲裁庭裁决劳动争议案件时,其中一部分事实已经清楚,可以就该部分先行裁决。

条文注释

本条是关于仲裁庭裁决劳动争议案件审理期限和先行裁决的规定。

本法规定,仲裁庭逾期未作出仲裁裁决的,当事人可以向人民法院提起诉讼。逾期的期限,根据是否需要延期区分为两种情况:(1)案情不复杂、不需要延期的,期限为45日;(2)案情复杂需要延期并经劳动争议仲裁委员会主任批准的,期限为60日。仲裁庭逾期未作出仲裁裁决的,当事人可以就该劳动争议事项向人民法院提起诉讼,不仅有利于防止案件在仲裁阶段久拖不决,也有利于更好地维护当事人的合法权益。

先行裁决是通过行使部分裁决权作出的裁决,从性质上来说与最终裁决具有同样的法律效力。先行裁决是在仲裁权行使过程中先行作出的,因此,仲裁庭在以后的裁决中不得对该先行裁决部分的结果进行变更,也不得对先行裁决部分的事项再进行裁决。另外,先行裁决与最后裁决的内容不能相互矛盾,而应保持一致。

关联法规

《劳动法》第82条

第四十四条　【先予执行】仲裁庭对追索劳动报酬、工伤医疗费、经济补偿或者赔偿金的案件,根据当事人的申请,可以裁决先予执行,移送人民法院执行。

仲裁庭裁决先予执行的,应当符合下列条件:

(一)当事人之间权利义务关系明确;

(二)不先予执行将严重影响申请人的生活。

劳动者申请先予执行的,可以不提供担保。

条文注释

本条是关于先予执行的适用情形的规定。

先予执行的着眼点是满足申请人的迫切需要。仲裁庭审理劳动争议案件,从受理到作出仲裁裁决,从裁决生效到当事人主动履行或强制执行需要一个过程。在这段时间里,个别劳动者可能因为经济困难,难以维持正常的生活或者生产经营活动。先予执行制度就是为了解决当事人的燃眉之急,在最终裁决前由仲裁庭裁决被申请人先给付申请人一定数额的款项或者财物,以维持原告正常的生活或者生产。

《民事诉讼法》第109条规定:"人民法院对下列案件,根据当事人的申请,可以裁定先予执行:(一)追索赡养费、扶养费、抚养费、抚恤金、医疗费用的;(二)追索劳动报酬的;(三)因情况紧急需要先予执行的。"追索劳动报酬案件被列入可以裁定先予执行的案件之中,可见先予执行制度在处理劳动争议程序中的必要性。

本法所规定的先予执行，有以下几点需要注意：(1)仅对特定类型案件可以申请先予执行。这些特定类型案件，是指追索劳动报酬、工伤医疗费、经济补偿或者赔偿金的案件。其他类型的案件不适用先予执行。(2)必须根据当事人的申请。只有当事人进行了申请，仲裁庭才能作出先予执行的裁决。如果当事人不申请，仲裁庭不能主动作出先予执行的裁决。

一般来说，在劳动争议仲裁案件中，劳动者生活会面临暂时性困难，这时候再让劳动者提供担保对其来说无异于雪上加霜，考虑到这种实际情况，本条规定："劳动者申请先予执行的，可以不提供担保。"

关联法规

《民事诉讼法》第109~111条

《劳动人事争议仲裁办案规则》第51条

第四十五条　【作出裁决】裁决应当按照多数仲裁员的意见作出，少数仲裁员的不同意见应当记入笔录。仲裁庭不能形成多数意见时，裁决应当按照首席仲裁员的意见作出。

条文注释

本条是关于仲裁裁决如何作出的规定。

根据本条规定，当仲裁员在仲裁劳动争议案件出现分歧时，应当按照如下方式进行裁决。首先，按多数仲裁员的意见作出。其次，按首席仲裁员的意见作出。首席仲裁员是合议庭的主持者，负责整个仲裁庭的审理工作，但对于仲裁裁决的表决权，他与其他仲裁员是平等的，只有投票的权力，没有特权。在实践中，当无法形成多数意见时，首席仲裁员首先应当组织仲裁员重新对案件进行表决，以形成多数意见。当无法形成多数意见时，可按法律规定由首席仲裁员决定。另外，如果形成的多数意见是两名仲裁员的意见一致，首席仲裁员也应服从多数意见，不同意见应当记入笔录。

第四十六条 【裁决书】裁决书应当载明仲裁请求、争议事实、裁决理由、裁决结果和裁决日期。裁决书由仲裁员签名，加盖劳动争议仲裁委员会印章。对裁决持不同意见的仲裁员，可以签名，也可以不签名。

条文注释

本条是关于裁决书内容和形式的规定。

裁决书的内容，是指对仲裁案件程序事项和实体事项所作决定的书面陈述。仲裁庭行使裁决权的结果是作出仲裁裁决。裁决书由仲裁员签名，加盖劳动争议仲裁委员会的印章，这就意味着仲裁庭虽然是案件的具体审理者，但裁决书却不能以仲裁庭的名义作出，而是统一以劳动争议仲裁委员会的名义作出。

对裁决持不同意见的仲裁员，可以签名，也可以不签名。一旦有仲裁员不签名，仲裁庭应在裁决书中对这一情况作适当的说明，以此证明该仲裁员参加了审理工作。

关联法规

《劳动人事争议仲裁办案规则》第53条

第四十七条 【终局裁决】下列劳动争议，除本法另有规定的外，仲裁裁决为终局裁决，裁决书自作出之日起发生法律效力：

(一)追索劳动报酬、工伤医疗费、经济补偿或者赔偿金，不超过当地月最低工资标准十二个月金额的争议；

(二)因执行国家的劳动标准在工作时间、休息休假、社会保险等方面发生的争议。

条文注释

本条是关于一裁终局的规定。

一裁终局可以使大量的劳动争议案件在仲裁阶段得到解决，不用再拖延到诉讼阶段，能够有效地缩短劳动争议案件的处理时间，提高劳动争议仲裁的效率，保护双方当事人的合法权益。

适用一裁终局的劳动争议仲裁案件有两类:一是小额仲裁案件;二是标准明确的仲裁案件。这两类案件在全部劳动争议案件总数中所占比例较大,因此,一裁终局可以解决多数劳动争议案件处理周期长的问题。

1. 小额仲裁案件。小额仲裁案件包括以下几种:(1)追索劳动报酬的案件。劳动报酬,是指劳动者从用人单位得到的全部工资收入。这类案件具有案件频发、涉及人数众多、社会影响大等特点,因此能否及时高效地解决这类案件直接关系到社会的和谐稳定。(2)追索工伤医疗费的案件。工伤医疗费是工伤保险待遇的一项,主要包括以下内容:①工伤职工治疗工伤或者治疗职业病所需的挂号费、住院费、医疗费、药费、就医路费全额报销。②工伤职工需要住院治疗的,按照当地因公出差伙食补助标准的2/3发给住院伙食补助费;经批准转外地治疗的,所需交通、食宿费用按照本企业职工因公出差标准报销。(3)追索经济补偿的案件。参见《劳动合同法》第46、47条。(4)追索赔偿金的案件。参见《劳动合同法》第48、83、85、87条。

2. 标准明确的仲裁案件。国家劳动标准,是指国家对劳动领域内规律性出现的事物或行为进行规范,以定量或定性形式所作出的统一规定。我国对劳动标准建设一直相当重视,形成了以《劳动法》为核心的劳动标准体系,基本涵盖了劳动领域的主要方面。国家劳动标准包括工作时间、休息休假、社会保险等方面。国家劳动标准具有以下特点:(1)通过规范性文件加以规定。(2)标准明确。往往用定量的方式对国家劳动标准加以规定。(3)适用范围广泛。国家劳动标准涵盖了劳动领域的主要方面。

关联法规

《最高人民法院关于审理劳动争议案件适用法律问题的解释(一)》第45~48条

第四十八条 【劳动者提起诉讼】劳动者对本法第四十七条规定的仲裁裁决不服的,可以自收到仲裁裁决书之日起十五日内向人民法院提起诉讼。

条文注释

本条是关于劳动者对一裁终局的仲裁裁决不服的,可以向人民法院提起诉讼的规定。

理解本条,应注意以下几个方面:(1)诉讼申请人只能是劳动者,用人单位不能直接提起诉讼。(2)本条对劳动者提起诉讼没有法定条件的限制,只规定了劳动者对本法第47条规定的仲裁裁决不服的,就可以提起诉讼。劳动者对诉与不诉有选择权。劳动者认为仲裁裁决对其有利,可以选择仲裁生效;劳动者认为仲裁裁决对其不利,可以继续提起诉讼。(3)本条规定的诉讼期间是自收到仲裁裁决书之日起15日内。(4)劳动者期满不起诉的,视为放弃诉权,裁决书对劳动者发生法律效力。

关联法规

《劳动法》第83条

《最高人民法院关于审理劳动争议案件适用法律问题的解释(一)》第19条

第四十九条　【用人单位申请撤销终局裁决】用人单位有证据证明本法第四十七条规定的仲裁裁决有下列情形之一,可以自收到仲裁裁决书之日起三十日内向劳动争议仲裁委员会所在地的中级人民法院申请撤销裁决:

(一)适用法律、法规确有错误的;

(二)劳动争议仲裁委员会无管辖权的;

(三)违反法定程序的;

(四)裁决所根据的证据是伪造的;

(五)对方当事人隐瞒了足以影响公正裁决的证据的;

(六)仲裁员在仲裁该案时有索贿受贿、徇私舞弊、枉法裁决行为的。

人民法院经组成合议庭审查核实裁决有前款规定情形之一的,应当裁定撤销。

仲裁裁决被人民法院裁定撤销的，当事人可以自收到裁定书之日起十五日内就该劳动争议事项向人民法院提起诉讼。

条文注释

本条是关于用人单位可以向人民法院申请撤销仲裁裁决的规定。

一裁终局的裁决发生法律效力后，用人单位不得就同一争议事项再次向仲裁委员会申请仲裁或向人民法院起诉。为了保护用人单位的救济权利，本条规定用人单位可以向人民法院申请撤销仲裁裁决。

申请撤销仲裁裁决的情形如下：

1. 适用法律、法规确有错误的。主要是指：(1)适用已失效或尚未生效的法律、法规的；(2)援引法条错误的；(3)违反法律关于溯及力规定的。

2. 劳动争议仲裁委员会无管辖权的。本法第21条规定，劳动争议仲裁委员会负责管辖本区域内发生的劳动争议。劳动争议由劳动合同履行地或者用人单位所在地的劳动争议仲裁委员会管辖。双方当事人分别向劳动合同履行地和用人单位所在地的劳动争议仲裁委员会申请仲裁的，由劳动合同履行地的劳动争议仲裁委员会管辖。

3. 违反法定程序的。主要是指：(1)仲裁庭的组成不合法的；(2)违反了有关回避规定的；(3)违反了有关期间规定的；(4)审理程序违法的，等等。

4. 裁决所根据的证据是伪造的。伪造证据，是指制造虚假的证据，对证据内容进行篡改，使其与真实情况不符。例如，制造虚假的书证、物证、鉴定意见等。

5. 对方当事人隐瞒了足以影响公正裁决的证据的。足以影响公正裁决的证据包括证明案件基本事实的证据、证明主体之间权利义务关系的证据等。

6. 仲裁员在仲裁该案时有索贿受贿、徇私舞弊、枉法裁决行为的。索贿是受贿人以公开或暗示的方法，主动向行贿人索取贿赂，有的甚至公然以要挟的方式迫使当事人行贿。受贿，是指仲裁员利用职务上的便利，收受他人财物并为他人谋取利益的行为。徇私舞弊，是指仲裁员利用职务上的便利为他人谋取利益。枉法裁决,是指依法承担仲裁职责的人员,在仲裁活动中故意违背事实和法律作枉法裁决。

关联法规

《最高人民法院关于审理劳动争议案件适用法律问题的解释(一)》第21~25条

第五十条　【不服仲裁裁决提起诉讼】当事人对本法第四十七条规定以外的其他劳动争议案件的仲裁裁决不服的,可以自收到仲裁裁决书之日起十五日内向人民法院提起诉讼;期满不起诉的,裁决书发生法律效力。

条文注释

本条是关于当事人可以对一裁终局以外的其他劳动争议案件提起诉讼的规定。

对一裁终局以外的其他劳动争议,当事人不愿协商、协商不成或者达成和解协议后不履行的,可以向调解组织申请调解;不愿调解、调解不成或者达成调解协议后不履行的,可以向劳动争议仲裁委员会申请仲裁;对仲裁裁决不服的,可以向人民法院提起诉讼。也就是说,对一裁终局以外的其他劳动争议,采用"一调一裁两审,仲裁前置"的模式。

仲裁裁决作出后,当事人对仲裁裁决不服的,可以自收到裁决书之日起15日内向人民法院提起诉讼;期满不起诉的,裁决书发生法律效力。裁决书发生法律效力后的法律后果表现在两个方面:(1)裁决书具有既判力。裁决书发生法律效力后,当事人不能就同一争议事项再向人民法院起诉,也不能再申请仲裁机构仲裁。(2)裁决书具有执行力。当事人对发生法律效力的裁决书,应当依照规定的期限履行。一方当事人逾期不履行的,另一方当事人可以依照《民事诉讼法》的有关规定向人民法院申请执行。

关联法规

《劳动法》第83条

《最高人民法院关于审理劳动争议案件适用法律问题的解释(一)》第16~20条

第五十一条 【生效调解书、裁决书的执行】当事人对发生法律效力的调解书、裁决书，应当依照规定的期限履行。一方当事人逾期不履行的，另一方当事人可以依照民事诉讼法的有关规定向人民法院申请执行。受理申请的人民法院应当依法执行。

条文注释

本条是关于当事人对发生法律效力的调解书、裁决书的履行和申请执行的规定。

发生法律效力的调解书、裁决书具有执行力，当事人应当依照其规定的期限履行。履行的基本原则是全面履行。

根据《民事诉讼法》的规定，由人民法院执行的调解书、裁决书，由被执行人住所地或者被执行的财产所在地人民法院执行。执行员接到申请执行书或者移交执行书，应当向被执行人发出执行通知，责令其在指定的期间履行，逾期不履行的，强制执行。被执行人不履行法律文书确定的义务，且有可能隐匿、转移财产的，执行员可以立即采取强制执行措施。

关联法规

《民事诉讼法》第3编

第四章 附 则

第五十二条 【事业单位劳动争议的处理】事业单位实行聘用制的工作人员与本单位发生劳动争议的，依照本法执行；法律、行政法规或者国务院另有规定的，依照其规定。

条文注释

本条是关于事业单位聘用制工作人员适用本法的规定。

事业单位，是指为了社会公益目的，由国家机关举办或者其他组织利用国有资产举办的,从事教育、科技、文化、卫生等活动的社会服务组织。国家对事业单位实行编制管理,按照编制核算拨款的数额。

第五十三条 【仲裁不收费】劳动争议仲裁不收费。劳动争议仲裁委员会的经费由财政予以保障。

条文注释

本条是关于劳动争议仲裁不收费制度的规定。

劳动争议仲裁是为了维护弱势群体的合法权益。本条明确规定劳动争议仲裁不收费,劳动争议仲裁机构的办案和日常经费由财政予以保障。

第五十四条 【生效时间】本法自2008年5月1日起施行。

附　录

中华人民共和国劳动法

（1994年7月5日第八届全国人民代表大会常务委员会第八次会议通过　根据2009年8月27日第十一届全国人民代表大会常务委员会第十次会议《关于修改部分法律的决定》第一次修正　根据2018年12月29日第十三届全国人民代表大会常务委员会第七次会议《关于修改〈中华人民共和国劳动法〉等七部法律的决定》第二次修正）

目　录

第一章　总　　则

第一条　为了保护劳动者的合法权益,调整劳动关系,建立和维护适应社会主义市场经济的劳动制度,促进经济发展和社会进步,根据宪法,制定本法。

第二条　在中华人民共和国境内的企业、个体经济组织(以下统称用人单位)和与之形成劳动关系的劳动者,适用本法。

国家机关、事业组织、社会团体和与之建立劳动合同关系的劳动者,依照本法执行。

第三条　劳动者享有平等就业和选择职业的权利、取得劳动报酬的权利、休息休假的权利、获得劳动安全卫生保护的权利、接受职业技能培训的权利、享受社会保险和福利的权利、提请劳动争议处理的权利以及法律规定的其他劳动权利。

劳动者应当完成劳动任务,提高职业技能,执行劳动安全卫生规程,遵守劳动纪律和职业道德。

第四条　用人单位应当依法建立和完善规章制度,保障劳动者享有劳动权利和履行劳动义务。

第五条　国家采取各种措施,促进劳动就业,发展职业教育,制定劳动标准,调节社会收入,完善社会保险,协调劳动关系,逐步提高劳动者的生活水平。

第六条　国家提倡劳动者参加社会义务劳动,开展劳动竞赛和合理化建议活动,鼓励和保护劳动者进行科学研究、技术革新和发明创造,表彰和奖励劳动模范和先进工作者。

第七条　劳动者有权依法参加和组织工会。

工会代表和维护劳动者的合法权益,依法独立自主地开展活动。

第八条　劳动者依照法律规定,通过职工大会、职工代表大会或者其他形式,参与民主管理或者就保护劳动者合法权益与用人单位进行平等协商。

第九条　国务院劳动行政部门主管全国劳动工作。

县级以上地方人民政府劳动行政部门主管本行政区域内的劳动工作。

第二章 促进就业

第十条 国家通过促进经济和社会发展，创造就业条件，扩大就业机会。

国家鼓励企业、事业组织、社会团体在法律、行政法规规定的范围内兴办产业或者拓展经营，增加就业。

国家支持劳动者自愿组织起来就业和从事个体经营实现就业。

第十一条 地方各级人民政府应当采取措施，发展多种类型的职业介绍机构，提供就业服务。

第十二条 劳动者就业，不因民族、种族、性别、宗教信仰不同而受歧视。

第十三条 妇女享有与男子平等的就业权利。在录用职工时，除国家规定的不适合妇女的工种或者岗位外，不得以性别为由拒绝录用妇女或者提高对妇女的录用标准。

第十四条 残疾人、少数民族人员、退出现役的军人的就业，法律、法规有特别规定的，从其规定。

第十五条 禁止用人单位招用未满十六周岁的未成年人。

文艺、体育和特种工艺单位招用未满十六周岁的未成年人，必须遵守国家有关规定，并保障其接受义务教育的权利。

第三章 劳动合同和集体合同

第十六条 劳动合同是劳动者与用人单位确立劳动关系、明确双方权利和义务的协议。

建立劳动关系应当订立劳动合同。

第十七条 订立和变更劳动合同，应当遵循平等自愿、协商一致的原则，不得违反法律、行政法规的规定。

劳动合同依法订立即具有法律约束力，当事人必须履行劳动合同规定的义务。

第十八条 下列劳动合同无效：

（一）违反法律、行政法规的劳动合同；

（二）采取欺诈、威胁等手段订立的劳动合同。

无效的劳动合同,从订立的时候起,就没有法律约束力。确认劳动合同部分无效的,如果不影响其余部分的效力,其余部分仍然有效。

劳动合同的无效,由劳动争议仲裁委员会或者人民法院确认。

第十九条 劳动合同应当以书面形式订立,并具备以下条款:

(一)劳动合同期限;

(二)工作内容;

(三)劳动保护和劳动条件;

(四)劳动报酬;

(五)劳动纪律;

(六)劳动合同终止的条件;

(七)违反劳动合同的责任。

劳动合同除前款规定的必备条款外,当事人可以协商约定其他内容。

第二十条 劳动合同的期限分为有固定期限、无固定期限和以完成一定的工作为期限。

劳动者在同一用人单位连续工作满十年以上,当事人双方同意续延劳动合同的,如果劳动者提出订立无固定期限的劳动合同,应当订立无固定期限的劳动合同。

第二十一条 劳动合同可以约定试用期。试用期最长不得超过六个月。

第二十二条 劳动合同当事人可以在劳动合同中约定保守用人单位商业秘密的有关事项。

第二十三条 劳动合同期满或者当事人约定的劳动合同终止条件出现,劳动合同即行终止。

第二十四条 经劳动合同当事人协商一致,劳动合同可以解除。

第二十五条 劳动者有下列情形之一的,用人单位可以解除劳动合同:

(一)在试用期间被证明不符合录用条件的;

(二)严重违反劳动纪律或者用人单位规章制度的;

(三)严重失职,营私舞弊,对用人单位利益造成重大损害的;

(四)被依法追究刑事责任的。

第二十六条 有下列情形之一的,用人单位可以解除劳动合同,但是应当提前三十日以书面形式通知劳动者本人:

(一)劳动者患病或者非因工负伤,医疗期满后,不能从事原工作也不能从事由用人单位另行安排的工作的；

（二）劳动者不能胜任工作，经过培训或者调整工作岗位，仍不能胜任工作的；

（三）劳动合同订立时所依据的客观情况发生重大变化，致使原劳动合同无法履行，经当事人协商不能就变更劳动合同达成协议的。

第二十七条 用人单位濒临破产进行法定整顿期间或者生产经营状况发生严重困难，确需裁减人员的，应当提前三十日向工会或者全体职工说明情况，听取工会或者职工的意见，经向劳动行政部门报告后，可以裁减人员。

用人单位依据本条规定裁减人员，在六个月内录用人员的，应当优先录用被裁减的人员。

第二十八条 用人单位依据本法第二十四条、第二十六条、第二十七条的规定解除劳动合同的，应当依照国家有关规定给予经济补偿。

第二十九条 劳动者有下列情形之一的，用人单位不得依据本法第二十六条、第二十七条的规定解除劳动合同：

（一）患职业病或者因工负伤并被确认丧失或者部分丧失劳动能力的；

（二）患病或者负伤，在规定的医疗期内的；

（三）女职工在孕期、产期、哺乳期内的；

（四）法律、行政法规规定的其他情形。

第三十条 用人单位解除劳动合同，工会认为不适当的，有权提出意见。如果用人单位违反法律、法规或者劳动合同，工会有权要求重新处理；劳动者申请仲裁或者提起诉讼的，工会应当依法给予支持和帮助。

第三十一条 劳动者解除劳动合同，应当提前三十日以书面形式通知用人单位。

第三十二条 有下列情形之一的，劳动者可以随时通知用人单位解除劳动合同：

（一）在试用期内的；

（二）用人单位以暴力、威胁或者非法限制人身自由的手段强迫劳动的；

（三）用人单位未按照劳动合同约定支付劳动报酬或者提供劳动条件的。

第三十三条 企业职工一方与企业可以就劳动报酬、工作时间、休息休假、劳动安全卫生、保险福利等事项，签订集体合同。集体合同草案应当提交职工代表大会或者全体职工讨论通过。

集体合同由工会代表职工与企业签订;没有建立工会的企业,由职工推举的代表与企业签订。

第三十四条 集体合同签订后应当报送劳动行政部门;劳动行政部门自收到集体合同文本之日起十五日内未提出异议的,集体合同即行生效。

第三十五条 依法签订的集体合同对企业和企业全体职工具有约束力。职工个人与企业订立的劳动合同中劳动条件和劳动报酬等标准不得低于集体合同的规定。

第四章 工作时间和休息休假

第三十六条 国家实行劳动者每日工作时间不超过八小时、平均每周工作时间不超过四十四小时的工时制度。

第三十七条 对实行计件工作的劳动者,用人单位应当根据本法第三十六条规定的工时制度合理确定其劳动定额和计件报酬标准。

第三十八条 用人单位应当保证劳动者每周至少休息一日。

第三十九条 企业因生产特点不能实行本法第三十六条、第三十八条规定的,经劳动行政部门批准,可以实行其他工作和休息办法。

第四十条 用人单位在下列节日期间应当依法安排劳动者休假:

(一)元旦;

(二)春节;

(三)国际劳动节;

(四)国庆节;

(五)法律、法规规定的其他休假节日。

第四十一条 用人单位由于生产经营需要,经与工会和劳动者协商后可以延长工作时间,一般每日不得超过一小时;因特殊原因需要延长工作时间的,在保障劳动者身体健康的条件下延长工作时间每日不得超过三小时,但是每月不得超过三十六小时。

第四十二条 有下列情形之一的,延长工作时间不受本法第四十一条规定的限制:

(一)发生自然灾害、事故或者因其他原因,威胁劳动者生命健康和财产

安全,需要紧急处理的;

(二)生产设备、交通运输线路、公共设施发生故障,影响生产和公众利益,必须及时抢修的;

(三)法律、行政法规规定的其他情形。

第四十三条 用人单位不得违反本法规定延长劳动者的工作时间。

第四十四条 有下列情形之一的,用人单位应当按照下列标准支付高于劳动者正常工作时间工资的工资报酬:

(一)安排劳动者延长工作时间的,支付不低于工资的百分之一百五十的工资报酬;

(二)休息日安排劳动者工作又不能安排补休的,支付不低于工资的百分之二百的工资报酬;

(三)法定休假日安排劳动者工作的,支付不低于工资的百分之三百的工资报酬。

第四十五条 国家实行带薪年休假制度。

劳动者连续工作一年以上的,享受带薪年休假。具体办法由国务院规定。

第五章 工 资

第四十六条 工资分配应当遵循按劳分配原则,实行同工同酬。

工资水平在经济发展的基础上逐步提高。国家对工资总量实行宏观调控。

第四十七条 用人单位根据本单位的生产经营特点和经济效益,依法自主确定本单位的工资分配方式和工资水平。

第四十八条 国家实行最低工资保障制度。最低工资的具体标准由省、自治区、直辖市人民政府规定,报国务院备案。

用人单位支付劳动者的工资不得低于当地最低工资标准。

第四十九条 确定和调整最低工资标准应当综合参考下列因素:

(一)劳动者本人及平均赡养人口的最低生活费用;

(二)社会平均工资水平;

(三)劳动生产率;

（四）就业状况；

（五）地区之间经济发展水平的差异。

第五十条 工资应当以货币形式按月支付给劳动者本人。不得克扣或者无故拖欠劳动者的工资。

第五十一条 劳动者在法定休假日和婚丧假期间以及依法参加社会活动期间，用人单位应当依法支付工资。

第六章 劳动安全卫生

第五十二条 用人单位必须建立、健全劳动安全卫生制度，严格执行国家劳动安全卫生规程和标准，对劳动者进行劳动安全卫生教育，防止劳动过程中的事故，减少职业危害。

第五十三条 劳动安全卫生设施必须符合国家规定的标准。

新建、改建、扩建工程的劳动安全卫生设施必须与主体工程同时设计、同时施工、同时投入生产和使用。

第五十四条 用人单位必须为劳动者提供符合国家规定的劳动安全卫生条件和必要的劳动防护用品，对从事有职业危害作业的劳动者应当定期进行健康检查。

第五十五条 从事特种作业的劳动者必须经过专门培训并取得特种作业资格。

第五十六条 劳动者在劳动过程中必须严格遵守安全操作规程。

劳动者对用人单位管理人员违章指挥、强令冒险作业，有权拒绝执行；对危害生命安全和身体健康的行为，有权提出批评、检举和控告。

第五十七条 国家建立伤亡事故和职业病统计报告和处理制度。县级以上各级人民政府劳动行政部门、有关部门和用人单位应当依法对劳动者在劳动过程中发生的伤亡事故和劳动者的职业病状况，进行统计、报告和处理。

第七章 女职工和未成年工特殊保护

第五十八条 国家对女职工和未成年工实行特殊劳动保护。

未成年工是指年满十六周岁未满十八周岁的劳动者。

第五十九条　禁止安排女职工从事矿山井下、国家规定的第四级体力劳动强度的劳动和其他禁忌从事的劳动。

第六十条　不得安排女职工在经期从事高处、低温、冷水作业和国家规定的第三级体力劳动强度的劳动。

第六十一条　不得安排女职工在怀孕期间从事国家规定的第三级体力劳动强度的劳动和孕期禁忌从事的劳动。对怀孕七个月以上的女职工,不得安排其延长工作时间和夜班劳动。

第六十二条　女职工生育享受不少于九十天的产假。

第六十三条　不得安排女职工在哺乳未满一周岁的婴儿期间从事国家规定的第三级体力劳动强度的劳动和哺乳期禁忌从事的其他劳动,不得安排其延长工作时间和夜班劳动。

第六十四条　不得安排未成年工从事矿山井下、有毒有害、国家规定的第四级体力劳动强度的劳动和其他禁忌从事的劳动。

第六十五条　用人单位应当对未成年工定期进行健康检查。

第八章　职业培训

第六十六条　国家通过各种途径,采取各种措施,发展职业培训事业,开发劳动者的职业技能,提高劳动者素质,增强劳动者的就业能力和工作能力。

第六十七条　各级人民政府应当把发展职业培训纳入社会经济发展的规划,鼓励和支持有条件的企业、事业组织、社会团体和个人进行各种形式的职业培训。

第六十八条　用人单位应当建立职业培训制度,按照国家规定提取和使用职业培训经费,根据本单位实际,有计划地对劳动者进行职业培训。

从事技术工种的劳动者,上岗前必须经过培训。

第六十九条　国家确定职业分类,对规定的职业制定职业技能标准,实行职业资格证书制度,由经备案的考核鉴定机构负责对劳动者实施职业技能考核鉴定。

第九章　社会保险和福利

第七十条　国家发展社会保险事业,建立社会保险制度,设立社会保险基金，使劳动者在年老、患病、工伤、失业、生育等情况下获得帮助和补偿。

第七十一条 社会保险水平应当与社会经济发展水平和社会承受能力相适应。

第七十二条 社会保险基金按照保险类型确定资金来源，逐步实行社会统筹。用人单位和劳动者必须依法参加社会保险，缴纳社会保险费。

第七十三条 劳动者在下列情形下，依法享受社会保险待遇：

（一）退休；

（二）患病、负伤；

（三）因工伤残或者患职业病；

（四）失业；

（五）生育。

劳动者死亡后，其遗属依法享受遗属津贴。

劳动者享受社会保险待遇的条件和标准由法律、法规规定。

劳动者享受的社会保险金必须按时足额支付。

第七十四条 社会保险基金经办机构依照法律规定收支、管理和运营社会保险基金，并负有使社会保险基金保值增值的责任。

社会保险基金监督机构依照法律规定，对社会保险基金的收支、管理和运营实施监督。

社会保险基金经办机构和社会保险基金监督机构的设立和职能由法律规定。

任何组织和个人不得挪用社会保险基金。

第七十五条 国家鼓励用人单位根据本单位实际情况为劳动者建立补充保险。

国家提倡劳动者个人进行储蓄性保险。

第七十六条 国家发展社会福利事业，兴建公共福利设施，为劳动者休息、休养和疗养提供条件。

用人单位应当创造条件，改善集体福利，提高劳动者的福利待遇。

第十章 劳动争议

第七十七条 用人单位与劳动者发生劳动争议，当事人可以依法申请调解、仲裁、提起诉讼,也可以协商解决。

调解原则适用于仲裁和诉讼程序。

第七十八条 解决劳动争议,应当根据合法、公正、及时处理的原则,依法维护劳动争议当事人的合法权益。

第七十九条 劳动争议发生后,当事人可以向本单位劳动争议调解委员会申请调解;调解不成,当事人一方要求仲裁的,可以向劳动争议仲裁委员会申请仲裁。当事人一方也可以直接向劳动争议仲裁委员会申请仲裁。对仲裁裁决不服的,可以向人民法院提起诉讼。

第八十条 在用人单位内,可以设立劳动争议调解委员会。劳动争议调解委员会由职工代表、用人单位代表和工会代表组成。劳动争议调解委员会主任由工会代表担任。

劳动争议经调解达成协议的,当事人应当履行。

第八十一条 劳动争议仲裁委员会由劳动行政部门代表、同级工会代表、用人单位方面的代表组成。劳动争议仲裁委员会主任由劳动行政部门代表担任。

第八十二条 提出仲裁要求的一方应当自劳动争议发生之日起六十日内向劳动争议仲裁委员会提出书面申请。仲裁裁决一般应在收到仲裁申请的六十日内作出。对仲裁裁决无异议的,当事人必须履行。

第八十三条 劳动争议当事人对仲裁裁决不服的,可以自收到仲裁裁决书之日起十五日内向人民法院提起诉讼。一方当事人在法定期限内不起诉又不履行仲裁裁决的,另一方当事人可以申请人民法院强制执行。

第八十四条 因签订集体合同发生争议,当事人协商解决不成的,当地人民政府劳动行政部门可以组织有关各方协调处理。

因履行集体合同发生争议,当事人协商解决不成的,可以向劳动争议仲裁委员会申请仲裁;对仲裁裁决不服的,可以自收到仲裁裁决书之日起十五日内向人民法院提起诉讼。

第十一章 监督检查

第八十五条 县级以上各级人民政府劳动行政部门依法对用人单位遵守劳动法律、法规的情况进行监督检查,对违反劳动法律、法规的行为有权制止，并责令改正。

第八十六条 县级以上各级人民政府劳动行政部门监督检查人员执行公务，有权进入用人单位了解执行劳动法律、法规的情况，查阅必要的资料，并对劳动场所进行检查。

县级以上各级人民政府劳动行政部门监督检查人员执行公务，必须出示证件，秉公执法并遵守有关规定。

第八十七条 县级以上各级人民政府有关部门在各自职责范围内，对用人单位遵守劳动法律、法规的情况进行监督。

第八十八条 各级工会依法维护劳动者的合法权益，对用人单位遵守劳动法律、法规的情况进行监督。

任何组织和个人对于违反劳动法律、法规的行为有权检举和控告。

第十二章 法律责任

第八十九条 用人单位制定的劳动规章制度违反法律、法规规定的，由劳动行政部门给予警告，责令改正；对劳动者造成损害的，应当承担赔偿责任。

第九十条 用人单位违反本法规定，延长劳动者工作时间的，由劳动行政部门给予警告，责令改正，并可以处以罚款。

第九十一条 用人单位有下列侵害劳动者合法权益情形之一的，由劳动行政部门责令支付劳动者的工资报酬、经济补偿，并可以责令支付赔偿金：

（一）克扣或者无故拖欠劳动者工资的；

（二）拒不支付劳动者延长工作时间工资报酬的；

（三）低于当地最低工资标准支付劳动者工资的；

（四）解除劳动合同后，未依照本法规定给予劳动者经济补偿的。

第九十二条 用人单位的劳动安全设施和劳动卫生条件不符合国家规定或者未向劳动者提供必要的劳动防护用品和劳动保护设施的，由劳动行政部门或者有关部门责令改正，可以处以罚款；情节严重的，提请县级以上人民政府决定责令停产整顿；对事故隐患不采取措施，致使发生重大事故，造成劳动者生命和财产损失的，对责任人员依照刑法有关规定追究刑事责任。

第九十三条 用人单位强令劳动者违章冒险作业，发生重大伤亡事故，造成严重后果的,对责任人员依法追究刑事责任。

第九十四条 用人单位非法招用未满十六周岁的未成年人的,由劳动行政部门责令改正,处以罚款;情节严重的,由市场监督管理部门吊销营业执照。

第九十五条 用人单位违反本法对女职工和未成年工的保护规定,侵害其合法权益的,由劳动行政部门责令改正,处以罚款;对女职工或者未成年工造成损害的,应当承担赔偿责任。

第九十六条 用人单位有下列行为之一,由公安机关对责任人员处以十五日以下拘留、罚款或者警告;构成犯罪的,对责任人员依法追究刑事责任:

(一)以暴力、威胁或者非法限制人身自由的手段强迫劳动的;

(二)侮辱、体罚、殴打、非法搜查和拘禁劳动者的。

第九十七条 由于用人单位的原因订立的无效合同,对劳动者造成损害的,应当承担赔偿责任。

第九十八条 用人单位违反本法规定的条件解除劳动合同或者故意拖延不订立劳动合同的,由劳动行政部门责令改正;对劳动者造成损害的,应当承担赔偿责任。

第九十九条 用人单位招用尚未解除劳动合同的劳动者,对原用人单位造成经济损失的,该用人单位应当依法承担连带赔偿责任。

第一百条 用人单位无故不缴纳社会保险费的,由劳动行政部门责令其限期缴纳;逾期不缴的,可以加收滞纳金。

第一百零一条 用人单位无理阻挠劳动行政部门、有关部门及其工作人员行使监督检查权,打击报复举报人员的,由劳动行政部门或者有关部门处以罚款;构成犯罪的,对责任人员依法追究刑事责任。

第一百零二条 劳动者违反本法规定的条件解除劳动合同或者违反劳动合同中约定的保密事项,对用人单位造成经济损失的,应当依法承担赔偿责任。

第一百零三条 劳动行政部门或者有关部门的工作人员滥用职权、玩忽职守、徇私舞弊,构成犯罪的,依法追究刑事责任;不构成犯罪的,给予行政处分。

第一百零四条 国家工作人员和社会保险基金经办机构的工作人员挪用社会保险基金,构成犯罪的,依法追究刑事责任。

第一百零五条 违反本法规定侵害劳动者合法权益，其他法律、行政法规已规定处罚的，依照该法律、行政法规的规定处罚。

第十三章 附 则

第一百零六条 省、自治区、直辖市人民政府根据本法和本地区的实际情况，规定劳动合同制度的实施步骤，报国务院备案。

第一百零七条 本法自 1995 年 1 月 1 日起施行。

中华人民共和国劳动合同法

（2007 年 6 月 29 日第十届全国人民代表大会常务委员会第二十八次会议通过 根据 2012 年 12 月 28 日第十一届全国人民代表大会常务委员会第三十次会议《关于修改〈中华人民共和国劳动合同法〉的决定》修正）

目 录

第八章 附 则

第一章 总 则

第一条 为了完善劳动合同制度,明确劳动合同双方当事人的权利和义务,保护劳动者的合法权益,构建和发展和谐稳定的劳动关系,制定本法。

第二条 中华人民共和国境内的企业、个体经济组织、民办非企业单位等组织(以下称用人单位)与劳动者建立劳动关系,订立、履行、变更、解除或者终止劳动合同,适用本法。

国家机关、事业单位、社会团体和与其建立劳动关系的劳动者,订立、履行、变更、解除或者终止劳动合同,依照本法执行。

第三条 订立劳动合同,应当遵循合法、公平、平等自愿、协商一致、诚实信用的原则。

依法订立的劳动合同具有约束力,用人单位与劳动者应当履行劳动合同约定的义务。

第四条 用人单位应当依法建立和完善劳动规章制度,保障劳动者享有劳动权利、履行劳动义务。

用人单位在制定、修改或者决定有关劳动报酬、工作时间、休息休假、劳动安全卫生、保险福利、职工培训、劳动纪律以及劳动定额管理等直接涉及劳动者切身利益的规章制度或者重大事项时,应当经职工代表大会或者全体职工讨论,提出方案和意见,与工会或者职工代表平等协商确定。

在规章制度和重大事项决定实施过程中,工会或者职工认为不适当的,有权向用人单位提出,通过协商予以修改完善。

用人单位应当将直接涉及劳动者切身利益的规章制度和重大事项决定公示,或者告知劳动者。

第五条 县级以上人民政府劳动行政部门会同工会和企业方面代表,建立健全协调劳动关系三方机制,共同研究解决有关劳动关系的重大问题。

第六条 工会应当帮助、指导劳动者与用人单位依法订立和履行劳动合同,并与用人单位建立集体协商机制,维护劳动者的合法权益。

第二章 劳动合同的订立

第七条 用人单位自用工之日起即与劳动者建立劳动关系。用人单位应当建立职工名册备查。

第八条 用人单位招用劳动者时,应当如实告知劳动者工作内容、工作条件、工作地点、职业危害、安全生产状况、劳动报酬,以及劳动者要求了解的其他情况;用人单位有权了解劳动者与劳动合同直接相关的基本情况,劳动者应当如实说明。

第九条 用人单位招用劳动者,不得扣押劳动者的居民身份证和其他证件,不得要求劳动者提供担保或者以其他名义向劳动者收取财物。

第十条 建立劳动关系,应当订立书面劳动合同。

已建立劳动关系,未同时订立书面劳动合同的,应当自用工之日起一个月内订立书面劳动合同。

用人单位与劳动者在用工前订立劳动合同的,劳动关系自用工之日起建立。

第十一条 用人单位未在用工的同时订立书面劳动合同,与劳动者约定的劳动报酬不明确的,新招用的劳动者的劳动报酬按照集体合同规定的标准执行;没有集体合同或者集体合同未规定的,实行同工同酬。

第十二条 劳动合同分为固定期限劳动合同、无固定期限劳动合同和以完成一定工作任务为期限的劳动合同。

第十三条 固定期限劳动合同,是指用人单位与劳动者约定合同终止时间的劳动合同。

用人单位与劳动者协商一致,可以订立固定期限劳动合同。

第十四条 无固定期限劳动合同,是指用人单位与劳动者约定无确定终止时间的劳动合同。

用人单位与劳动者协商一致,可以订立无固定期限劳动合同。有下列情形之一,劳动者提出或者同意续订、订立劳动合同的,除劳动者提出订立固定期限劳动合同外,应当订立无固定期限劳动合同:

(一)劳动者在该用人单位连续工作满十年的;

(二)用人单位初次实行劳动合同制度或者国有企业改制重新订立劳动

合同时,劳动者在该用人单位连续工作满十年且距法定退休年龄不足十年的;

(三)连续订立二次固定期限劳动合同,且劳动者没有本法第三十九条和第四十条第一项、第二项规定的情形,续订劳动合同的。

用人单位自用工之日起满一年不与劳动者订立书面劳动合同的,视为用人单位与劳动者已订立无固定期限劳动合同。

第十五条 以完成一定工作任务为期限的劳动合同,是指用人单位与劳动者约定以某项工作的完成为合同期限的劳动合同。

用人单位与劳动者协商一致,可以订立以完成一定工作任务为期限的劳动合同。

第十六条 劳动合同由用人单位与劳动者协商一致,并经用人单位与劳动者在劳动合同文本上签字或者盖章生效。

劳动合同文本由用人单位和劳动者各执一份。

第十七条 劳动合同应当具备以下条款:

(一)用人单位的名称、住所和法定代表人或者主要负责人;

(二)劳动者的姓名、住址和居民身份证或者其他有效身份证件号码;

(三)劳动合同期限;

(四)工作内容和工作地点;

(五)工作时间和休息休假;

(六)劳动报酬;

(七)社会保险;

(八)劳动保护、劳动条件和职业危害防护;

(九)法律、法规规定应当纳入劳动合同的其他事项。

劳动合同除前款规定的必备条款外,用人单位与劳动者可以约定试用期、培训、保守秘密、补充保险和福利待遇等其他事项。

第十八条 劳动合同对劳动报酬和劳动条件等标准约定不明确,引发争议的,用人单位与劳动者可以重新协商;协商不成的,适用集体合同规定;没有集体合同或者集体合同未规定劳动报酬的,实行同工同酬;没有集体合同或者集体合同未规定劳动条件等标准的,适用国家有关规定。

第十九条 劳动合同期限三个月以上不满一年的,试用期不得超过一个月;劳动合同期限一年以上不满三年的,试用期不得超过二个月;三年以上固定期限和无固定期限的劳动合同,试用期不得超过六个月。

同一用人单位与同一劳动者只能约定一次试用期。

以完成一定工作任务为期限的劳动合同或者劳动合同期限不满三个月的,不得约定试用期。

试用期包含在劳动合同期限内。劳动合同仅约定试用期的,试用期不成立,该期限为劳动合同期限。

第二十条 劳动者在试用期的工资不得低于本单位相同岗位最低档工资或者劳动合同约定工资的百分之八十,并不得低于用人单位所在地的最低工资标准。

第二十一条 在试用期中,除劳动者有本法第三十九条和第四十条第一项、第二项规定的情形外,用人单位不得解除劳动合同。用人单位在试用期解除劳动合同的,应当向劳动者说明理由。

第二十二条 用人单位为劳动者提供专项培训费用,对其进行专业技术培训的,可以与该劳动者订立协议,约定服务期。

劳动者违反服务期约定的,应当按照约定向用人单位支付违约金。违约金的数额不得超过用人单位提供的培训费用。用人单位要求劳动者支付的违约金不得超过服务期尚未履行部分所应分摊的培训费用。

用人单位与劳动者约定服务期的,不影响按照正常的工资调整机制提高劳动者在服务期期间的劳动报酬。

第二十三条 用人单位与劳动者可以在劳动合同中约定保守用人单位的商业秘密和与知识产权相关的保密事项。

对负有保密义务的劳动者,用人单位可以在劳动合同或者保密协议中与劳动者约定竞业限制条款,并约定在解除或者终止劳动合同后,在竞业限制期限内按月给予劳动者经济补偿。劳动者违反竞业限制约定的,应当按照约定向用人单位支付违约金。

第二十四条 竞业限制的人员限于用人单位的高级管理人员、高级技术人员和其他负有保密义务的人员。竞业限制的范围、地域、期限由用人单位与劳动者约定,竞业限制的约定不得违反法律、法规的规定。

在解除或者终止劳动合同后,前款规定的人员到与本单位生产或者经营同类产品、从事同类业务的有竞争关系的其他用人单位,或者自己开业生产或者经营同类产品、从事同类业务的竞业限制期限,不得超过二年。

第二十五条 除本法第二十二条和第二十三条规定的情形外，用人单位不得与劳动者约定由劳动者承担违约金。

第二十六条 下列劳动合同无效或者部分无效：

（一）以欺诈、胁迫的手段或者乘人之危，使对方在违背真实意思的情况下订立或者变更劳动合同的；

（二）用人单位免除自己的法定责任、排除劳动者权利的；

（三）违反法律、行政法规强制性规定的。

对劳动合同的无效或者部分无效有争议的，由劳动争议仲裁机构或者人民法院确认。

第二十七条 劳动合同部分无效，不影响其他部分效力的，其他部分仍然有效。

第二十八条 劳动合同被确认无效，劳动者已付出劳动的，用人单位应当向劳动者支付劳动报酬。劳动报酬的数额，参照本单位相同或者相近岗位劳动者的劳动报酬确定。

第三章 劳动合同的履行和变更

第二十九条 用人单位与劳动者应当按照劳动合同的约定，全面履行各自的义务。

第三十条 用人单位应当按照劳动合同约定和国家规定，向劳动者及时足额支付劳动报酬。

用人单位拖欠或者未足额支付劳动报酬的，劳动者可以依法向当地人民法院申请支付令，人民法院应当依法发出支付令。

第三十一条 用人单位应当严格执行劳动定额标准，不得强迫或者变相强迫劳动者加班。用人单位安排加班的，应当按照国家有关规定向劳动者支付加班费。

第三十二条 劳动者拒绝用人单位管理人员违章指挥、强令冒险作业的，不视为违反劳动合同。

劳动者对危害生命安全和身体健康的劳动条件，有权对用人单位提出批评、检举和控告。

第三十三条 用人单位变更名称、法定代表人、主要负责人或者投资人等事项,不影响劳动合同的履行。

第三十四条　用人单位发生合并或者分立等情况,原劳动合同继续有效,劳动合同由承继其权利和义务的用人单位继续履行。

第三十五条　用人单位与劳动者协商一致,可以变更劳动合同约定的内容。变更劳动合同,应当采用书面形式。

变更后的劳动合同文本由用人单位和劳动者各执一份。

第四章　劳动合同的解除和终止

第三十六条　用人单位与劳动者协商一致,可以解除劳动合同。

第三十七条　劳动者提前三十日以书面形式通知用人单位,可以解除劳动合同。劳动者在试用期内提前三日通知用人单位,可以解除劳动合同。

第三十八条　用人单位有下列情形之一的,劳动者可以解除劳动合同:

(一)未按照劳动合同约定提供劳动保护或者劳动条件的;

(二)未及时足额支付劳动报酬的;

(三)未依法为劳动者缴纳社会保险费的;

(四)用人单位的规章制度违反法律、法规的规定,损害劳动者权益的;

(五)因本法第二十六条第一款规定的情形致使劳动合同无效的;

(六)法律、行政法规规定劳动者可以解除劳动合同的其他情形。

用人单位以暴力、威胁或者非法限制人身自由的手段强迫劳动者劳动的,或者用人单位违章指挥、强令冒险作业危及劳动者人身安全的,劳动者可以立即解除劳动合同,不需事先告知用人单位。

第三十九条　劳动者有下列情形之一的,用人单位可以解除劳动合同:

(一)在试用期间被证明不符合录用条件的;

(二)严重违反用人单位的规章制度的;

(三)严重失职,营私舞弊,给用人单位造成重大损害的;

(四)劳动者同时与其他用人单位建立劳动关系,对完成本单位的工作任务造成严重影响,或者经用人单位提出,拒不改正的;

(五)因本法第二十六条第一款第一项规定的情形致使劳动合同无效的;

(六)被依法追究刑事责任的。

第四十条 有下列情形之一的,用人单位提前三十日以书面形式通知劳动者本人或者额外支付劳动者一个月工资后,可以解除劳动合同:

(一)劳动者患病或者非因工负伤,在规定的医疗期满后不能从事原工作,也不能从事由用人单位另行安排的工作的;

(二)劳动者不能胜任工作,经过培训或者调整工作岗位,仍不能胜任工作的;

(三)劳动合同订立时所依据的客观情况发生重大变化,致使劳动合同无法履行,经用人单位与劳动者协商,未能就变更劳动合同内容达成协议的。

第四十一条 有下列情形之一,需要裁减人员二十人以上或者裁减不足二十人但占企业职工总数百分之十以上的,用人单位提前三十日向工会或者全体职工说明情况,听取工会或者职工的意见后,裁减人员方案经向劳动行政部门报告,可以裁减人员:

(一)依照企业破产法规定进行重整的;

(二)生产经营发生严重困难的;

(三)企业转产、重大技术革新或者经营方式调整,经变更劳动合同后,仍需裁减人员的;

(四)其他因劳动合同订立时所依据的客观经济情况发生重大变化,致使劳动合同无法履行的。

裁减人员时,应当优先留用下列人员:

(一)与本单位订立较长期限的固定期限劳动合同的;

(二)与本单位订立无固定期限劳动合同的;

(三)家庭无其他就业人员,有需要扶养的老人或者未成年人的。

用人单位依照本条第一款规定裁减人员,在六个月内重新招用人员的,应当通知被裁减的人员,并在同等条件下优先招用被裁减的人员。

第四十二条 劳动者有下列情形之一的,用人单位不得依照本法第四十条、第四十一条的规定解除劳动合同:

(一)从事接触职业病危害作业的劳动者未进行离岗前职业健康检查,或者疑似职业病病人在诊断或者医学观察期间的;

(二)在本单位患职业病或者因工负伤并被确认丧失或者部分丧失劳动能力的;

(三)患病或者非因工负伤,在规定的医疗期内的;

（四）女职工在孕期、产期、哺乳期的；

（五）在本单位连续工作满十五年，且距法定退休年龄不足五年的；

（六）法律、行政法规规定的其他情形。

第四十三条 用人单位单方解除劳动合同，应当事先将理由通知工会。用人单位违反法律、行政法规规定或者劳动合同约定的，工会有权要求用人单位纠正。用人单位应当研究工会的意见，并将处理结果书面通知工会。

第四十四条 有下列情形之一的，劳动合同终止：

（一）劳动合同期满的；

（二）劳动者开始依法享受基本养老保险待遇的；

（三）劳动者死亡，或者被人民法院宣告死亡或者宣告失踪的；

（四）用人单位被依法宣告破产的；

（五）用人单位被吊销营业执照、责令关闭、撤销或者用人单位决定提前解散的；

（六）法律、行政法规规定的其他情形。

第四十五条 劳动合同期满，有本法第四十二条规定情形之一的，劳动合同应当续延至相应的情形消失时终止。但是，本法第四十二条第二项规定丧失或者部分丧失劳动能力劳动者的劳动合同的终止，按照国家有关工伤保险的规定执行。

第四十六条 有下列情形之一的，用人单位应当向劳动者支付经济补偿：

（一）劳动者依照本法第三十八条规定解除劳动合同的；

（二）用人单位依照本法第三十六条规定向劳动者提出解除劳动合同并与劳动者协商一致解除劳动合同的；

（三）用人单位依照本法第四十条规定解除劳动合同的；

（四）用人单位依照本法第四十一条第一款规定解除劳动合同的；

（五）除用人单位维持或者提高劳动合同约定条件续订劳动合同，劳动者不同意续订的情形外，依照本法第四十四条第一项规定终止固定期限劳动合同的；

（六）依照本法第四十四条第四项、第五项规定终止劳动合同的；

（七）法律、行政法规规定的其他情形。

第四十七条 经济补偿按劳动者在本单位工作的年限，每满一年支付一个月工资的标准向劳动者支付。六个月以上不满一年的，按一年计算；不满六个月的，向劳动者支付半个月工资的经济补偿。

劳动者月工资高于用人单位所在直辖市、设区的市级人民政府公布的本地区上年度职工月平均工资三倍的，向其支付经济补偿的标准按职工月平均工资三倍的数额支付，向其支付经济补偿的年限最高不超过十二年。

本条所称月工资是指劳动者在劳动合同解除或者终止前十二个月的平均工资。

第四十八条　用人单位违反本法规定解除或者终止劳动合同，劳动者要求继续履行劳动合同的，用人单位应当继续履行；劳动者不要求继续履行劳动合同或者劳动合同已经不能继续履行的，用人单位应当依照本法第八十七条规定支付赔偿金。

第四十九条　国家采取措施，建立健全劳动者社会保险关系跨地区转移接续制度。

第五十条　用人单位应当在解除或者终止劳动合同时出具解除或者终止劳动合同的证明，并在十五日内为劳动者办理档案和社会保险关系转移手续。

劳动者应当按照双方约定，办理工作交接。用人单位依照本法有关规定应当向劳动者支付经济补偿的，在办结工作交接时支付。

用人单位对已经解除或者终止的劳动合同的文本，至少保存二年备查。

第五章　特别规定

第一节　集体合同

第五十一条　企业职工一方与用人单位通过平等协商，可以就劳动报酬、工作时间、休息休假、劳动安全卫生、保险福利等事项订立集体合同。集体合同草案应当提交职工代表大会或者全体职工讨论通过。

集体合同由工会代表企业职工一方与用人单位订立；尚未建立工会的用人单位，由上级工会指导劳动者推举的代表与用人单位订立。

第五十二条　企业职工一方与用人单位可以订立劳动安全卫生、女职工权益保护、工资调整机制等专项集体合同。

第五十三条 在县级以下区域内，建筑业、采矿业、餐饮服务业等行业可以由工会与企业方面代表订立行业性集体合同，或者订立区域性集体合同。

第五十四条 集体合同订立后，应当报送劳动行政部门；劳动行政部门自收到集体合同文本之日起十五日内未提出异议的，集体合同即行生效。

依法订立的集体合同对用人单位和劳动者具有约束力。行业性、区域性集体合同对当地本行业、本区域的用人单位和劳动者具有约束力。

第五十五条 集体合同中劳动报酬和劳动条件等标准不得低于当地人民政府规定的最低标准；用人单位与劳动者订立的劳动合同中劳动报酬和劳动条件等标准不得低于集体合同规定的标准。

第五十六条 用人单位违反集体合同，侵犯职工劳动权益的，工会可以依法要求用人单位承担责任；因履行集体合同发生争议，经协商解决不成的，工会可以依法申请仲裁、提起诉讼。

第二节 劳务派遣

第五十七条 经营劳务派遣业务应当具备下列条件：

（一）注册资本不得少于人民币二百万元；

（二）有与开展业务相适应的固定的经营场所和设施；

（三）有符合法律、行政法规规定的劳务派遣管理制度；

（四）法律、行政法规规定的其他条件。

经营劳务派遣业务，应当向劳动行政部门依法申请行政许可；经许可的，依法办理相应的公司登记。未经许可，任何单位和个人不得经营劳务派遣业务。

第五十八条 劳务派遣单位是本法所称用人单位，应当履行用人单位对劳动者的义务。劳务派遣单位与被派遣劳动者订立的劳动合同，除应当载明本法第十七条规定的事项外，还应当载明被派遣劳动者的用工单位以及派遣期限、工作岗位等情况。

劳务派遣单位应当与被派遣劳动者订立二年以上的固定期限劳动合同，按月支付劳动报酬；被派遣劳动者在无工作期间，劳务派遣单位应当按照所在地人民政府规定的最低工资标准,向其按月支付报酬。

第五十九条 劳务派遣单位派遣劳动者应当与接受以劳务派遣形式用工的单位(以下称用工单位)订立劳务派遣协议。劳务派遣协议应当约定派遣岗位和人员数量、派遣期限、劳动报酬和社会保险费的数额与支付方式以及违反协议的责任。

用工单位应当根据工作岗位的实际需要与劳务派遣单位确定派遣期限,不得将连续用工期限分割订立数个短期劳务派遣协议。

第六十条 劳务派遣单位应当将劳务派遣协议的内容告知被派遣劳动者。

劳务派遣单位不得克扣用工单位按照劳务派遣协议支付给被派遣劳动者的劳动报酬。

劳务派遣单位和用工单位不得向被派遣劳动者收取费用。

第六十一条 劳务派遣单位跨地区派遣劳动者的,被派遣劳动者享有的劳动报酬和劳动条件,按照用工单位所在地的标准执行。

第六十二条 用工单位应当履行下列义务:

(一)执行国家劳动标准,提供相应的劳动条件和劳动保护;

(二)告知被派遣劳动者的工作要求和劳动报酬;

(三)支付加班费、绩效奖金,提供与工作岗位相关的福利待遇;

(四)对在岗被派遣劳动者进行工作岗位所必需的培训;

(五)连续用工的,实行正常的工资调整机制。

用工单位不得将被派遣劳动者再派遣到其他用人单位。

第六十三条 被派遣劳动者享有与用工单位的劳动者同工同酬的权利。用工单位应当按照同工同酬原则,对被派遣劳动者与本单位同类岗位的劳动者实行相同的劳动报酬分配办法。用工单位无同类岗位劳动者的,参照用工单位所在地相同或者相近岗位劳动者的劳动报酬确定。

劳务派遣单位与被派遣劳动者订立的劳动合同和与用工单位订立的劳务派遣协议,载明或者约定的向被派遣劳动者支付的劳动报酬应当符合前款规定。

第六十四条 被派遣劳动者有权在劳务派遣单位或者用工单位依法参加或者组织工会,维护自身的合法权益。

第六十五条 被派遣劳动者可以依照本法第三十六条、第三十八条的规定与劳务派遣单位解除劳动合同。

被派遣劳动者有本法第三十九条和第四十条第一项、第二项规定情形的,用工单位可以将劳动者退回劳务派遣单位,劳务派遣单位依照本法有关规定,可以与劳动者解除劳动合同。

第六十六条　劳动合同用工是我国的企业基本用工形式。劳务派遣用工是补充形式,只能在临时性、辅助性或者替代性的工作岗位上实施。

前款规定的临时性工作岗位是指存续时间不超过六个月的岗位;辅助性工作岗位是指为主营业务岗位提供服务的非主营业务岗位;替代性工作岗位是指用工单位的劳动者因脱产学习、休假等原因无法工作的一定期间内,可以由其他劳动者替代工作的岗位。

用工单位应当严格控制劳务派遣用工数量,不得超过其用工总量的一定比例,具体比例由国务院劳动行政部门规定。

第六十七条　用人单位不得设立劳务派遣单位向本单位或者所属单位派遣劳动者。

第三节　非全日制用工

第六十八条　非全日制用工,是指以小时计酬为主,劳动者在同一用人单位一般平均每日工作时间不超过四小时,每周工作时间累计不超过二十四小时的用工形式。

第六十九条　非全日制用工双方当事人可以订立口头协议。

从事非全日制用工的劳动者可以与一个或者一个以上用人单位订立劳动合同;但是,后订立的劳动合同不得影响先订立的劳动合同的履行。

第七十条　非全日制用工双方当事人不得约定试用期。

第七十一条　非全日制用工双方当事人任何一方都可以随时通知对方终止用工。终止用工,用人单位不向劳动者支付经济补偿。

第七十二条　非全日制用工小时计酬标准不得低于用人单位所在地人民政府规定的最低小时工资标准。

非全日制用工劳动报酬结算支付周期最长不得超过十五日。

第六章 监督检查

第七十三条 国务院劳动行政部门负责全国劳动合同制度实施的监督管理。

县级以上地方人民政府劳动行政部门负责本行政区域内劳动合同制度实施的监督管理。

县级以上各级人民政府劳动行政部门在劳动合同制度实施的监督管理工作中,应当听取工会、企业方面代表以及有关行业主管部门的意见。

第七十四条 县级以上地方人民政府劳动行政部门依法对下列实施劳动合同制度的情况进行监督检查:

(一)用人单位制定直接涉及劳动者切身利益的规章制度及其执行的情况;

(二)用人单位与劳动者订立和解除劳动合同的情况;

(三)劳务派遣单位和用工单位遵守劳务派遣有关规定的情况;

(四)用人单位遵守国家关于劳动者工作时间和休息休假规定的情况;

(五)用人单位支付劳动合同约定的劳动报酬和执行最低工资标准的情况;

(六)用人单位参加各项社会保险和缴纳社会保险费的情况;

(七)法律、法规规定的其他劳动监察事项。

第七十五条 县级以上地方人民政府劳动行政部门实施监督检查时,有权查阅与劳动合同、集体合同有关的材料,有权对劳动场所进行实地检查,用人单位和劳动者都应当如实提供有关情况和材料。

劳动行政部门的工作人员进行监督检查,应当出示证件,依法行使职权,文明执法。

第七十六条 县级以上人民政府建设、卫生、安全生产监督管理等有关主管部门在各自职责范围内,对用人单位执行劳动合同制度的情况进行监督管理。

第七十七条 劳动者合法权益受到侵害的,有权要求有关部门依法处理,或者依法申请仲裁、提起诉讼。

第七十八条 工会依法维护劳动者的合法权益,对用人单位履行劳动合同、集体合同的情况进行监督。用人单位违反劳动法律、法规和劳动合同、集体合同的，工会有权提出意见或者要求纠正；劳动者申请仲裁、提起诉讼的，工会依法给予支持和帮助。

第七十九条 任何组织或者个人对违反本法的行为都有权举报，县级以上人民政府劳动行政部门应当及时核实、处理，并对举报有功人员给予奖励。

第七章 法律责任

第八十条 用人单位直接涉及劳动者切身利益的规章制度违反法律、法规规定的，由劳动行政部门责令改正，给予警告；给劳动者造成损害的，应当承担赔偿责任。

第八十一条 用人单位提供的劳动合同文本未载明本法规定的劳动合同必备条款或者用人单位未将劳动合同文本交付劳动者的，由劳动行政部门责令改正；给劳动者造成损害的，应当承担赔偿责任。

第八十二条 用人单位自用工之日起超过一个月不满一年未与劳动者订立书面劳动合同的，应当向劳动者每月支付二倍的工资。

用人单位违反本法规定不与劳动者订立无固定期限劳动合同的，自应当订立无固定期限劳动合同之日起向劳动者每月支付二倍的工资。

第八十三条 用人单位违反本法规定与劳动者约定试用期的，由劳动行政部门责令改正；违法约定的试用期已经履行的，由用人单位以劳动者试用期满月工资为标准，按已经履行的超过法定试用期的期间向劳动者支付赔偿金。

第八十四条 用人单位违反本法规定，扣押劳动者居民身份证等证件的，由劳动行政部门责令限期退还劳动者本人，并依照有关法律规定给予处罚。

用人单位违反本法规定，以担保或者其他名义向劳动者收取财物的，由劳动行政部门责令限期退还劳动者本人，并以每人五百元以上二千元以下的标准处以罚款；给劳动者造成损害的，应当承担赔偿责任。

劳动者依法解除或者终止劳动合同，用人单位扣押劳动者档案或者其他物品的，依照前款规定处罚。

第八十五条 用人单位有下列情形之一的，由劳动行政部门责令限期支付劳动报酬、加班费或者经济补偿;劳动报酬低于当地最低工资标准的,应当支付其差额部分;逾期不支付的,责令用人单位按应付金额百分之五十以上百分之一百以下的标准向劳动者加付赔偿金:

(一)未按照劳动合同的约定或者国家规定及时足额支付劳动者劳动报酬的;

(二)低于当地最低工资标准支付劳动者工资的;

(三)安排加班不支付加班费的;

(四)解除或者终止劳动合同,未依照本法规定向劳动者支付经济补偿的。

第八十六条 劳动合同依照本法第二十六条规定被确认无效,给对方造成损害的,有过错的一方应当承担赔偿责任。

第八十七条 用人单位违反本法规定解除或者终止劳动合同的,应当依照本法第四十七条规定的经济补偿标准的二倍向劳动者支付赔偿金。

第八十八条 用人单位有下列情形之一的,依法给予行政处罚;构成犯罪的,依法追究刑事责任;给劳动者造成损害的,应当承担赔偿责任:

(一)以暴力、威胁或者非法限制人身自由的手段强迫劳动的;

(二)违章指挥或者强令冒险作业危及劳动者人身安全的;

(三)侮辱、体罚、殴打、非法搜查或者拘禁劳动者的;

(四)劳动条件恶劣、环境污染严重,给劳动者身心健康造成严重损害的。

第八十九条 用人单位违反本法规定未向劳动者出具解除或者终止劳动合同的书面证明,由劳动行政部门责令改正;给劳动者造成损害的,应当承担赔偿责任。

第九十条 劳动者违反本法规定解除劳动合同,或者违反劳动合同中约定的保密义务或者竞业限制,给用人单位造成损失的,应当承担赔偿责任。

第九十一条 用人单位招用与其他用人单位尚未解除或者终止劳动合同的劳动者,给其他用人单位造成损失的,应当承担连带赔偿责任。

第九十二条 违反本法规定,未经许可,擅自经营劳务派遣业务的,由劳动行政部门责令停止违法行为,没收违法所得,并处违法所得一倍以上五倍以下的罚款;没有违法所得的,可以处五万元以下的罚款。

劳务派遣单位、用工单位违反本法有关劳务派遣规定的,由劳动行政部门责令限期改正;逾期不改正的,以每人五千元以上一万元以下的标准处以罚款,对劳务派遣单位,吊销其劳务派遣业务经营许可证。用工单位给被派遣劳动者造成损害的,劳务派遣单位与用工单位承担连带赔偿责任。

第九十三条 对不具备合法经营资格的用人单位的违法犯罪行为,依法追究法律责任;劳动者已经付出劳动的,该单位或者其出资人应当依照本法有关规定向劳动者支付劳动报酬、经济补偿、赔偿金;给劳动者造成损害的,应当承担赔偿责任。

第九十四条 个人承包经营违反本法规定招用劳动者,给劳动者造成损害的,发包的组织与个人承包经营者承担连带赔偿责任。

第九十五条 劳动行政部门和其他有关主管部门及其工作人员玩忽职守、不履行法定职责,或者违法行使职权,给劳动者或者用人单位造成损害的,应当承担赔偿责任;对直接负责的主管人员和其他直接责任人员,依法给予行政处分;构成犯罪的,依法追究刑事责任。

第八章 附 则

第九十六条 事业单位与实行聘用制的工作人员订立、履行、变更、解除或者终止劳动合同,法律、行政法规或者国务院另有规定的,依照其规定;未作规定的,依照本法有关规定执行。

第九十七条 本法施行前已依法订立且在本法施行之日存续的劳动合同,继续履行;本法第十四条第二款第三项规定连续订立固定期限劳动合同的次数,自本法施行后续订固定期限劳动合同时开始计算。

本法施行前已建立劳动关系,尚未订立书面劳动合同的,应当自本法施行之日起一个月内订立。

本法施行之日存续的劳动合同在本法施行后解除或者终止,依照本法第四十六条规定应当支付经济补偿的,经济补偿年限自本法施行之日起计算;本法施行前按照当时有关规定,用人单位应当向劳动者支付经济补偿的,按照当时有关规定执行。

第九十八条 本法自 2008 年 1 月 1 日起施行。

劳动人事争议仲裁组织规则

（2017年5月8日人力资源和社会保障部令第34号公布 自2017年7月1日起施行）

第一章 总 则

第一条 为公正及时处理劳动人事争议（以下简称争议），根据《中华人民共和国劳动争议调解仲裁法》（以下简称调解仲裁法）和《中华人民共和国公务员法》、《事业单位人事管理条例》、《中国人民解放军文职人员条例》等有关法律、法规，制定本规则。

第二条 劳动人事争议仲裁委员会（以下简称仲裁委员会）由人民政府依法设立，专门处理争议案件。

第三条 人力资源社会保障行政部门负责指导本行政区域的争议调解仲裁工作，组织协调处理跨地区、有影响的重大争议，负责仲裁员的管理、培训等工作。

第二章 仲裁委员会及其办事机构

第四条 仲裁委员会按照统筹规划、合理布局和适应实际需要的原则设立，由省、自治区、直辖市人民政府依法决定。

第五条 仲裁委员会由干部主管部门代表、人力资源社会保障等相关行政部门代表、军队文职人员工作管理部门代表、工会代表和用人单位方面代表等组成。

仲裁委员会组成人员应当是单数。

第六条 仲裁委员会设主任一名,副主任和委员若干名。

仲裁委员会主任由政府负责人或者人力资源社会保障行政部门主要负责人担任。

第七条 仲裁委员会依法履行下列职责:

(一)聘任、解聘专职或者兼职仲裁员;

(二)受理争议案件;

(三)讨论重大或者疑难的争议案件;

(四)监督本仲裁委员会的仲裁活动;

(五)制定本仲裁委员会的工作规则;

(六)其他依法应当履行的职责。

第八条 仲裁委员会应当每年至少召开两次全体会议,研究本仲裁委员会职责履行情况和重要工作事项。

仲裁委员会主任或者三分之一以上的仲裁委员会组成人员提议召开仲裁委员会会议的,应当召开。

仲裁委员会的决定实行少数服从多数原则。

第九条 仲裁委员会下设实体化的办事机构,具体承担争议调解仲裁等日常工作。办事机构称为劳动人事争议仲裁院(以下简称仲裁院),设在人力资源社会保障行政部门。

仲裁院对仲裁委员会负责并报告工作。

第十条 仲裁委员会的经费依法由财政予以保障。仲裁经费包括人员经费、公用经费、仲裁专项经费等。

仲裁院可以通过政府购买服务等方式聘用记录人员、安保人员等办案辅助人员。

第十一条 仲裁委员会组成单位可以派兼职仲裁员常驻仲裁院,参与争议调解仲裁活动。

第三章 仲 裁 庭

第十二条 仲裁委员会处理争议案件实行仲裁庭制度,实行一案一庭制。

仲裁委员会可以根据案件处理实际需要设立派驻仲裁庭、巡回仲裁庭、流动仲裁庭,就近就地处理争议案件。

第十三条 处理下列争议案件应当由三名仲裁员组成仲裁庭,设首席仲裁员:

(一)十人以上并有共同请求的争议案件;

(二)履行集体合同发生的争议案件;

(三)有重大影响或者疑难复杂的争议案件;

(四)仲裁委员会认为应当由三名仲裁员组庭处理的其他争议案件。

简单争议案件可以由一名仲裁员独任仲裁。

第十四条 记录人员负责案件庭审记录等相关工作。

记录人员不得由本庭仲裁员兼任。

第十五条 仲裁庭组成不符合规定的,仲裁委员会应当予以撤销并重新组庭。

第十六条 仲裁委员会应当有专门的仲裁场所。仲裁场所应当悬挂仲裁徽章,张贴仲裁庭纪律及注意事项等,并配备仲裁庭专业设备、档案储存设备、安全监控设备和安检设施等。

第十七条 仲裁工作人员在仲裁活动中应当统一着装,佩戴仲裁徽章。

第四章 仲 裁 员

第十八条 仲裁员是由仲裁委员会聘任、依法调解和仲裁争议案件的专业工作人员。

仲裁员分为专职仲裁员和兼职仲裁员。专职仲裁员和兼职仲裁员在调解仲裁活动中享有同等权利,履行同等义务。

兼职仲裁员进行仲裁活动,所在单位应当予以支持。

第十九条 仲裁委员会应当依法聘任一定数量的专职仲裁员,也可以根据办案工作需要,依法从干部主管部门、人力资源社会保障行政部门、军队文职人员工作管理部门、工会、企业组织等相关机构的人员以及专家学者、律师中聘任兼职仲裁员。

第二十条 仲裁员享有以下权利:

(一)履行职责应当具有的职权和工作条件;

(二)处理争议案件不受干涉;

(三)人身、财产安全受到保护；

(四)参加聘前培训和在职培训；

(五)法律、法规规定的其他权利。

第二十一条　仲裁员应当履行以下义务：

(一)依法处理争议案件；

(二)维护国家利益和公共利益,保护当事人合法权益；

(三)严格执行廉政规定,恪守职业道德；

(四)自觉接受监督；

(五)法律、法规规定的其他义务。

第二十二条　仲裁委员会聘任仲裁员时,应当从符合调解仲裁法第二十条规定的仲裁员条件的人员中选聘。

仲裁委员会应当根据工作需要,合理配备专职仲裁员和办案辅助人员。专职仲裁员数量不得少于三名,办案辅助人员不得少于一名。

第二十三条　仲裁委员会应当设仲裁员名册,并予以公告。

省、自治区、直辖市人力资源社会保障行政部门应当将本行政区域内仲裁委员会聘任的仲裁员名单报送人力资源社会保障部备案。

第二十四条　仲裁员聘期一般为五年。仲裁委员会负责仲裁员考核,考核结果作为解聘和续聘仲裁员的依据。

第二十五条　仲裁委员会应当制定仲裁员工作绩效考核标准,重点考核办案质量和效率、工作作风、遵纪守法情况等。考核结果分为优秀、合格、不合格。

第二十六条　仲裁员有下列情形之一的,仲裁委员会应当予以解聘：

(一)聘期届满不再续聘的；

(二)在聘期内因工作岗位变动或者其他原因不再履行仲裁员职责的；

(三)年度考核不合格的；

(四)因违纪、违法犯罪不能继续履行仲裁员职责的；

(五)其他应当解聘的情形。

第二十七条　人力资源社会保障行政部门负责对拟聘任的仲裁员进行聘前培训。

拟聘为省、自治区、直辖市仲裁委员会仲裁员及副省级市仲裁委员会仲裁员的,参加人力资源社会保障部组织的聘前培训；拟聘为地(市)、县(区)

仲裁委员会仲裁员的,参加省、自治区、直辖市人力资源社会保障行政部门组织的仲裁员聘前培训。

第二十八条 人力资源社会保障行政部门负责每年对本行政区域内的仲裁员进行政治思想、职业道德、业务能力和作风建设培训。

仲裁员每年脱产培训的时间累计不少于四十学时。

第二十九条 仲裁委员会应当加强仲裁员作风建设,培育和弘扬具有行业特色的仲裁文化。

第三十条 人力资源社会保障部负责组织制定仲裁员培训大纲,开发培训教材,建立师资库和考试题库。

第三十一条 建立仲裁员职业保障机制,拓展仲裁员职业发展空间。

第五章 仲裁监督

第三十二条 仲裁委员会应当建立仲裁监督制度,对申请受理、办案程序、处理结果、仲裁工作人员行为等进行监督。

第三十三条 仲裁员不得有下列行为:

(一)徇私枉法,偏袒一方当事人;

(二)滥用职权,侵犯当事人合法权益;

(三)利用职权为自己或者他人谋取私利;

(四)隐瞒证据或者伪造证据;

(五)私自会见当事人及其代理人,接受当事人及其代理人的请客送礼;

(六)故意拖延办案、玩忽职守;

(七)泄露案件涉及的国家秘密、商业秘密和个人隐私或者擅自透露案件处理情况;

(八)在受聘期间担任所在仲裁委员会受理案件的代理人;

(九)其他违法违纪的行为。

第三十四条 仲裁员有本规则第三十三条规定情形的,仲裁委员会视情节轻重,给予批评教育、解聘等处理;被解聘的,五年内不得再次被聘为仲裁员。仲裁员所在单位根据国家有关规定对其给予处分;构成犯罪的,依法追究刑事责任。

第三十五条 记录人员等办案辅助人员应当认真履行职责,严守工作纪律，不得有玩忽职守、偏袒一方当事人、泄露案件涉及的国家秘密、商业秘密和个人隐私或者擅自透露案件处理情况等行为。

办案辅助人员违反前款规定的，应当按照有关法律法规和本规则第三十四条的规定处理。

第六章　附　　则

第三十六条　被聘任为仲裁员的，由人力资源社会保障部统一免费发放仲裁员证和仲裁徽章。

第三十七条　仲裁委员会对被解聘、辞职以及其他原因不再聘任的仲裁员，应当及时收回仲裁员证和仲裁徽章，并予以公告。

第三十八条　本规则自2017年7月1日起施行。2010年1月20日人力资源社会保障部公布的《劳动人事争议仲裁组织规则》（人力资源和社会保障部令第5号）同时废止。

劳动人事争议仲裁办案规则

（2017年5月8日人力资源和社会保障部令第33号
公布　自2017年7月1日起施行）

第一章　总　　则

第一条　为公正及时处理劳动人事争议（以下简称争议），规范仲裁办案程序，根据《中华人民共和国劳动争议调解仲裁法》（以下简称调解仲裁法）以及《中华人民共和国公务员法》（以下简称公务员法）、《事业单位人事管理条例》、《中国人民解放军文职人员条例》和有关法律、法规、国务院有关规定，制定本规则。

第二条 本规则适用下列争议的仲裁：

(一)企业、个体经济组织、民办非企业单位等组织与劳动者之间,以及机关、事业单位、社会团体与其建立劳动关系的劳动者之间,因确认劳动关系,订立、履行、变更、解除和终止劳动合同,工作时间、休息休假、社会保险、福利、培训以及劳动保护,劳动报酬、工伤医疗费、经济补偿或者赔偿金等发生的争议；

(二)实施公务员法的机关与聘任制公务员之间、参照公务员法管理的机关(单位)与聘任工作人员之间因履行聘任合同发生的争议；

(三)事业单位与其建立人事关系的工作人员之间因终止人事关系以及履行聘用合同发生的争议；

(四)社会团体与其建立人事关系的工作人员之间因终止人事关系以及履行聘用合同发生的争议；

(五)军队文职人员用人单位与聘用制文职人员之间因履行聘用合同发生的争议；

(六)法律、法规规定由劳动人事争议仲裁委员会(以下简称仲裁委员会)处理的其他争议。

第三条 仲裁委员会处理争议案件,应当遵循合法、公正的原则,先行调解,及时裁决。

第四条 仲裁委员会下设实体化的办事机构,称为劳动人事争议仲裁院(以下简称仲裁院)。

第五条 劳动者一方在十人以上并有共同请求的争议,或者因履行集体合同发生的劳动争议,仲裁委员会应当优先立案,优先审理。

第二章 一般规定

第六条 发生争议的用人单位未办理营业执照、被吊销营业执照、营业执照到期继续经营、被责令关闭、被撤销以及用人单位解散、歇业,不能承担相关责任的,应当将用人单位和其出资人、开办单位或者主管部门作为共同当事人。

第七条 劳动者与个人承包经营者发生争议,依法向仲裁委员会申请仲裁的,应当将发包的组织和个人承包经营者作为共同当事人。

第八条 劳动合同履行地为劳动者实际工作场所地，用人单位所在地为用人单位注册、登记地或者主要办事机构所在地。用人单位未经注册、登记的，其出资人、开办单位或者主管部门所在地为用人单位所在地。

双方当事人分别向劳动合同履行地和用人单位所在地的仲裁委员会申请仲裁的，由劳动合同履行地的仲裁委员会管辖。有多个劳动合同履行地的，由最先受理的仲裁委员会管辖。劳动合同履行地不明确的，由用人单位所在地的仲裁委员会管辖。

案件受理后，劳动合同履行地或者用人单位所在地发生变化的，不改变争议仲裁的管辖。

第九条 仲裁委员会发现已受理案件不属于其管辖范围的，应当移送至有管辖权的仲裁委员会，并书面通知当事人。

对上述移送案件，受移送的仲裁委员会应当依法受理。受移送的仲裁委员会认为移送的案件按照规定不属于其管辖，或者仲裁委员会之间因管辖争议协商不成的，应当报请共同的上一级仲裁委员会主管部门指定管辖。

第十条 当事人提出管辖异议的，应当在答辩期满前书面提出。仲裁委员会应当审查当事人提出的管辖异议，异议成立的，将案件移送至有管辖权的仲裁委员会并书面通知当事人；异议不成立的，应当书面决定驳回。

当事人逾期提出的，不影响仲裁程序的进行。

第十一条 当事人申请回避，应当在案件开庭审理前提出，并说明理由。回避事由在案件开庭审理后知晓的，也可以在庭审辩论终结前提出。

当事人在庭审辩论终结后提出回避申请的，不影响仲裁程序的进行。

仲裁委员会应当在回避申请提出的三日内，以口头或者书面形式作出决定。以口头形式作出的，应当记入笔录。

第十二条 仲裁员、记录人员是否回避，由仲裁委员会主任或者其委托的仲裁院负责人决定。仲裁委员会主任担任案件仲裁员是否回避，由仲裁委员会决定。

在回避决定作出前，被申请回避的人员应当暂停参与该案处理，但因案件需要采取紧急措施的除外。

第十三条 当事人对自己提出的主张有责任提供证据。与争议事项有关的证据属于用人单位掌握管理的，用人单位应当提供；用人单位不提供的，应当承担不利后果。

第十四条 法律没有具体规定、按照本规则第十三条规定无法确定举证责任承担的,仲裁庭可以根据公平原则和诚实信用原则,综合当事人举证能力等因素确定举证责任的承担。

第十五条 承担举证责任的当事人应当在仲裁委员会指定的期限内提供有关证据。当事人在该期限内提供证据确有困难的,可以向仲裁委员会申请延长期限,仲裁委员会根据当事人的申请适当延长。当事人逾期提供证据的,仲裁委员会应当责令其说明理由;拒不说明理由或者理由不成立的,仲裁委员会可以根据不同情形不予采纳该证据,或者采纳该证据但予以训诫。

第十六条 当事人因客观原因不能自行收集的证据,仲裁委员会可以根据当事人的申请,参照民事诉讼有关规定予以收集;仲裁委员会认为有必要的,也可以决定参照民事诉讼有关规定予以收集。

第十七条 仲裁委员会依法调查取证时,有关单位和个人应当协助配合。

仲裁委员会调查取证时,不得少于两人,并应当向被调查对象出示工作证件和仲裁委员会出具的介绍信。

第十八条 争议处理中涉及证据形式、证据提交、证据交换、证据质证、证据认定等事项,本规则未规定的,可以参照民事诉讼证据规则的有关规定执行。

第十九条 仲裁期间包括法定期间和仲裁委员会指定期间。

仲裁期间的计算,本规则未规定的,仲裁委员会可以参照民事诉讼关于期间计算的有关规定执行。

第二十条 仲裁委员会送达仲裁文书必须有送达回证,由受送达人在送达回证上记明收到日期,并签名或者盖章。受送达人在送达回证上的签收日期为送达日期。

因企业停业等原因导致无法送达且劳动者一方在十人以上的,或者受送达人拒绝签收仲裁文书的,通过在受送达人住所留置、张贴仲裁文书,并采用拍照、录像等方式记录的,自留置、张贴之日起经过三日即视为送达,不受本条第一款的限制。

仲裁文书的送达方式,本规则未规定的,仲裁委员会可以参照民事诉讼关于送达方式的有关规定执行。

第二十一条 案件处理终结后,仲裁委员会应当将处理过程中形成的全部材料立卷归档。

第二十二条 仲裁案卷分正卷和副卷装订。

正卷包括:仲裁申请书、受理(不予受理)通知书、答辩书、当事人及其他仲裁参加人的身份证明材料、授权委托书、调查证据、勘验笔录、当事人提供的证据材料、委托鉴定材料、开庭通知、庭审笔录、延期通知书、撤回仲裁申请书、调解书、裁决书、决定书、案件移送函、送达回证等。

副卷包括:立案审批表、延期审理审批表、中止审理审批表、调查提纲、阅卷笔录、会议笔录、评议记录、结案审批表等。

第二十三条 仲裁委员会应当建立案卷查阅制度。对案卷正卷材料,应当允许当事人及其代理人依法查阅、复制。

第二十四条 仲裁裁决结案的案卷,保存期不少于十年;仲裁调解和其他方式结案的案卷,保存期不少于五年;国家另有规定的,从其规定。

保存期满后的案卷,应当按照国家有关档案管理的规定处理。

第二十五条 在仲裁活动中涉及国家秘密或者军事秘密的,按照国家或者军队有关保密规定执行。

当事人协议不公开或者涉及商业秘密和个人隐私的,经相关当事人书面申请,仲裁委员会应当不公开审理。

第三章 仲裁程序

第一节 申请和受理

第二十六条 本规则第二条第(一)、(三)、(四)、(五)项规定的争议,申请仲裁的时效期间为一年。仲裁时效期间从当事人知道或者应当知道其权利被侵害之日起计算。

本规则第二条第(二)项规定的争议,申请仲裁的时效期间适用公务员法有关规定。

劳动人事关系存续期间因拖欠劳动报酬发生争议的,劳动者申请仲裁不受本条第一款规定的仲裁时效期间的限制;但是,劳动人事关系终止的,应当自劳动人事关系终止之日起一年内提出。

第二十七条 在申请仲裁的时效期间内,有下列情形之一的,仲裁时效中断:

(一)一方当事人通过协商、申请调解等方式向对方当事人主张权利的;

(二)一方当事人通过向有关部门投诉,向仲裁委员会申请仲裁,向人民法院起诉或者申请支付令等方式请求权利救济的;

(三)对方当事人同意履行义务的。

从中断时起,仲裁时效期间重新计算。

第二十八条 因不可抗力,或者有无民事行为能力或者限制民事行为能力劳动者的法定代理人未确定等其他正当理由,当事人不能在规定的仲裁时效期间申请仲裁的,仲裁时效中止。从中止时效的原因消除之日起,仲裁时效期间继续计算。

第二十九条 申请人申请仲裁应当提交书面仲裁申请,并按照被申请人人数提交副本。

仲裁申请书应当载明下列事项:

(一)劳动者的姓名、性别、出生日期、身份证件号码、住所、通讯地址和联系电话,用人单位的名称、住所、通讯地址、联系电话和法定代表人或者主要负责人的姓名、职务;

(二)仲裁请求和所根据的事实、理由;

(三)证据和证据来源,证人姓名和住所。

书写仲裁申请确有困难的,可以口头申请,由仲裁委员会记入笔录,经申请人签名、盖章或者捺印确认。

对于仲裁申请书不规范或者材料不齐备的,仲裁委员会应当当场或者在五日内一次性告知申请人需要补正的全部材料。

仲裁委员会收取当事人提交的材料应当出具收件回执。

第三十条 仲裁委员会对符合下列条件的仲裁申请应当予以受理,并在收到仲裁申请之日起五日内向申请人出具受理通知书:

(一)属于本规则第二条规定的争议范围;

(二)有明确的仲裁请求和事实理由;

(三)申请人是与本案有直接利害关系的自然人、法人或者其他组织,有明确的被申请人；

（四）属于本仲裁委员会管辖范围。

第三十一条　对不符合本规则第三十条第（一）、（二）、（三）项规定之一的仲裁申请，仲裁委员会不予受理，并在收到仲裁申请之日起五日内向申请人出具不予受理通知书；对不符合本规则第三十条第（四）项规定的仲裁申请，仲裁委员会应当在收到仲裁申请之日起五日内，向申请人作出书面说明并告知申请人向有管辖权的仲裁委员会申请仲裁。

对仲裁委员会逾期未作出决定或者决定不予受理的，申请人可以就该争议事项向人民法院提起诉讼。

第三十二条　仲裁委员会受理案件后，发现不应当受理的，除本规则第九条规定外，应当撤销案件，并自决定撤销案件后五日内，以决定书的形式通知当事人。

第三十三条　仲裁委员会受理仲裁申请后，应当在五日内将仲裁申请书副本送达被申请人。

被申请人收到仲裁申请书副本后，应当在十日内向仲裁委员会提交答辩书。仲裁委员会收到答辩书后，应当在五日内将答辩书副本送达申请人。被申请人逾期未提交答辩书的，不影响仲裁程序的进行。

第三十四条　符合下列情形之一，申请人基于同一事实、理由和仲裁请求又申请仲裁的，仲裁委员会不予受理：

（一）仲裁委员会已经依法出具不予受理通知书的；

（二）案件已在仲裁、诉讼过程中或者调解书、裁决书、判决书已经发生法律效力的。

第三十五条　仲裁处理结果作出前，申请人可以自行撤回仲裁申请。申请人再次申请仲裁的，仲裁委员会应当受理。

第三十六条　被申请人可以在答辩期间提出反申请，仲裁委员会应当自收到被申请人反申请之日起五日内决定是否受理并通知被申请人。

决定受理的，仲裁委员会可以将反申请和申请合并处理。

反申请应当另行申请仲裁的，仲裁委员会应当书面告知被申请人另行申请仲裁；反申请不属于本规则规定应当受理的，仲裁委员会应当向被申请人出具不予受理通知书。

被申请人答辩期满后对申请人提出反申请的，应当另行申请仲裁。

第二节 开庭和裁决

第三十七条 仲裁委员会应当在受理仲裁申请之日起五日内组成仲裁庭并将仲裁庭的组成情况书面通知当事人。

第三十八条 仲裁庭应当在开庭五日前,将开庭日期、地点书面通知双方当事人。当事人有正当理由的,可以在开庭三日前请求延期开庭。是否延期,由仲裁委员会根据实际情况决定。

第三十九条 申请人收到书面开庭通知,无正当理由拒不到庭或者未经仲裁庭同意中途退庭的,可以按撤回仲裁申请处理;申请人重新申请仲裁的,仲裁委员会不予受理。被申请人收到书面开庭通知,无正当理由拒不到庭或者未经仲裁庭同意中途退庭的,仲裁庭可以继续开庭审理,并缺席裁决。

第四十条 当事人申请鉴定的,鉴定费由申请鉴定方先行垫付,案件处理终结后,由鉴定结果对其不利方负担。鉴定结果不明确的,由申请鉴定方负担。

第四十一条 开庭审理前,记录人员应当查明当事人和其他仲裁参与人是否到庭,宣布仲裁庭纪律。

开庭审理时,由仲裁员宣布开庭、案由和仲裁员、记录人员名单,核对当事人,告知当事人有关的权利义务,询问当事人是否提出回避申请。

开庭审理中,仲裁员应当听取申请人的陈述和被申请人的答辩,主持庭审调查、质证和辩论、征询当事人最后意见,并进行调解。

第四十二条 仲裁庭应当将开庭情况记入笔录。当事人或者其他仲裁参与人认为对自己陈述的记录有遗漏或者差错的,有权当庭申请补正。仲裁庭认为申请无理由或者无必要的,可以不予补正,但是应当记录该申请。

仲裁员、记录人员、当事人和其他仲裁参与人应当在庭审笔录上签名或者盖章。当事人或者其他仲裁参与人拒绝在庭审笔录上签名或者盖章的,仲裁庭应当记明情况附卷。

第四十三条 仲裁参与人和其他人应当遵守仲裁庭纪律,不得有下列行为:

(一)未经准许进行录音、录像、摄影;

（二）未经准许以移动通信等方式现场传播庭审活动；

（三）其他扰乱仲裁庭秩序、妨害审理活动进行的行为。

仲裁参与人或者其他人有前款规定的情形之一的，仲裁庭可以训诫、责令退出仲裁庭，也可以暂扣进行录音、录像、摄影、传播庭审活动的器材，并责令其删除有关内容。拒不删除的，可以采取必要手段强制删除，并将上述事实记入庭审笔录。

第四十四条 申请人在举证期限届满前可以提出增加或者变更仲裁请求；仲裁庭对申请人增加或者变更的仲裁请求审查后认为应当受理的，应当通知被申请人并给予答辩期，被申请人明确表示放弃答辩期的除外。

申请人在举证期限届满后提出增加或者变更仲裁请求的，应当另行申请仲裁。

第四十五条 仲裁庭裁决案件，应当自仲裁委员会受理仲裁申请之日起四十五日内结束。案情复杂需要延期的，经仲裁委员会主任或者其委托的仲裁院负责人书面批准，可以延期并书面通知当事人，但延长期限不得超过十五日。

第四十六条 有下列情形的，仲裁期限按照下列规定计算：

（一）仲裁庭追加当事人或者第三人的，仲裁期限从决定追加之日起重新计算；

（二）申请人需要补正材料的，仲裁委员会收到仲裁申请的时间从材料补正之日起重新计算；

（三）增加、变更仲裁请求的，仲裁期限从受理增加、变更仲裁请求之日起重新计算；

（四）仲裁申请和反申请合并处理的，仲裁期限从受理反申请之日起重新计算；

（五）案件移送管辖的，仲裁期限从接受移送之日起重新计算；

（六）中止审理期间、公告送达期间不计入仲裁期限内；

（七）法律、法规规定应当另行计算的其他情形。

第四十七条 有下列情形之一的，经仲裁委员会主任或者其委托的仲裁院负责人批准，可以中止案件审理，并书面通知当事人：

（一）劳动者一方当事人死亡，需要等待继承人表明是否参加仲裁的；

（二）劳动者一方当事人丧失民事行为能力，尚未确定法定代理人参加仲裁的；

（三）用人单位终止，尚未确定权利义务承继者的；

（四）一方当事人因不可抗拒的事由，不能参加仲裁的；

（五）案件审理需要以其他案件的审理结果为依据，且其他案件尚未审结的；

（六）案件处理需要等待工伤认定、伤残等级鉴定以及其他鉴定结论的；

（七）其他应当中止仲裁审理的情形。

中止审理的情形消除后，仲裁庭应当恢复审理。

第四十八条 当事人因仲裁庭逾期未作出仲裁裁决而向人民法院提起诉讼并立案受理的，仲裁委员会应当决定该案件终止审理；当事人未就该争议事项向人民法院提起诉讼的，仲裁委员会应当继续处理。

第四十九条 仲裁庭裁决案件时，其中一部分事实已经清楚的，可以就该部分先行裁决。当事人对先行裁决不服的，可以按照调解仲裁法有关规定处理。

第五十条 仲裁庭裁决案件时，申请人根据调解仲裁法第四十七条第（一）项规定，追索劳动报酬、工伤医疗费、经济补偿或者赔偿金，如果仲裁裁决涉及数项，对单项裁决数额不超过当地月最低工资标准十二个月金额的事项，应当适用终局裁决。

前款经济补偿包括《中华人民共和国劳动合同法》（以下简称劳动合同法）规定的竞业限制期限内给予的经济补偿、解除或者终止劳动合同的经济补偿等；赔偿金包括劳动合同法规定的未签订书面劳动合同第二倍工资、违法约定试用期的赔偿金、违法解除或者终止劳动合同的赔偿金等。

根据调解仲裁法第四十七条第（二）项的规定，因执行国家的劳动标准在工作时间、休息休假、社会保险等方面发生的争议，应当适用终局裁决。

仲裁庭裁决案件时，裁决内容同时涉及终局裁决和非终局裁决的，应当分别制作裁决书，并告知当事人相应的救济权利。

第五十一条 仲裁庭对追索劳动报酬、工伤医疗费、经济补偿或者赔偿金的案件，根据当事人的申请，可以裁决先予执行，移送人民法院执行。

仲裁庭裁决先予执行的，应当符合下列条件：

（一）当事人之间权利义务关系明确；

（二）不先予执行将严重影响申请人的生活。

劳动者申请先予执行的，可以不提供担保。

第五十二条 裁决应当按照多数仲裁员的意见作出，少数仲裁员的不同意见应当记入笔录。仲裁庭不能形成多数意见时，裁决应当按照首席仲裁员的意见作出。

第五十三条 裁决书应当载明仲裁请求、争议事实、裁决理由、裁决结果、当事人权利和裁决日期。裁决书由仲裁员签名，加盖仲裁委员会印章。对裁决持不同意见的仲裁员，可以签名，也可以不签名。

第五十四条 对裁决书中的文字、计算错误或者仲裁庭已经裁决但在裁决书中遗漏的事项，仲裁庭应当及时制作决定书予以补正并送达当事人。

第五十五条 当事人对裁决不服向人民法院提起诉讼的，按照调解仲裁法有关规定处理。

第三节 简易处理

第五十六条 争议案件符合下列情形之一的，可以简易处理：

（一）事实清楚、权利义务关系明确、争议不大的；

（二）标的额不超过本省、自治区、直辖市上年度职工年平均工资的；

（三）双方当事人同意简易处理的。

仲裁委员会决定简易处理的，可以指定一名仲裁员独任仲裁，并应当告知当事人。

第五十七条 争议案件有下列情形之一的，不得简易处理：

（一）涉及国家利益、社会公共利益的；

（二）有重大社会影响的；

（三）被申请人下落不明的；

（四）仲裁委员会认为不宜简易处理的。

第五十八条 简易处理的案件，经与被申请人协商同意，仲裁庭可以缩短或者取消答辩期。

第五十九条 简易处理的案件，仲裁庭可以用电话、短信、传真、电子邮件等简便方式送达仲裁文书，但送达调解书、裁决书除外。

以简便方式送达的开庭通知,未经当事人确认或者没有其他证据证明当事人已经收到的,仲裁庭不得按撤回仲裁申请处理或者缺席裁决。

第六十条 简易处理的案件,仲裁庭可以根据案件情况确定举证期限、开庭日期、审理程序、文书制作等事项,但应当保障当事人陈述意见的权利。

第六十一条 仲裁庭在审理过程中,发现案件不宜简易处理的,应当在仲裁期限届满前决定转为按照一般程序处理,并告知当事人。

案件转为按照一般程序处理的,仲裁期限自仲裁委员会受理仲裁申请之日起计算,双方当事人已经确认的事实,可以不再进行举证、质证。

第四节 集体劳动人事争议处理

第六十二条 处理劳动者一方在十人以上并有共同请求的争议案件,或者因履行集体合同发生的劳动争议案件,适用本节规定。

符合本规则第五十六条第一款规定情形之一的集体劳动人事争议案件,可以简易处理,不受本节规定的限制。

第六十三条 发生劳动者一方在十人以上并有共同请求的争议的,劳动者可以推举三至五名代表参加仲裁活动。代表人参加仲裁的行为对其所代表的当事人发生效力,但代表人变更、放弃仲裁请求或者承认对方当事人的仲裁请求,进行和解,必须经被代表的当事人同意。

因履行集体合同发生的劳动争议,经协商解决不成的,工会可以依法申请仲裁;尚未建立工会的,由上级工会指导劳动者推举产生的代表依法申请仲裁。

第六十四条 仲裁委员会应当自收到当事人集体劳动人事争议仲裁申请之日起五日内作出受理或者不予受理的决定。决定受理的,应当自受理之日起五日内将仲裁庭组成人员、答辩期限、举证期限、开庭日期和地点等事项一次性通知当事人。

第六十五条 仲裁委员会处理集体劳动人事争议案件,应当由三名仲裁员组成仲裁庭,设首席仲裁员。

仲裁委员会处理因履行集体合同发生的劳动争议,应当按照三方原则组成仲裁庭处理。

第六十六条 仲裁庭处理集体劳动人事争议,开庭前应当引导当事人自行协商,或者先行调解。

仲裁庭处理集体劳动人事争议案件,可以邀请法律工作者、律师、专家学者等第三方共同参与调解。

协商或者调解未能达成协议的,仲裁庭应当及时裁决。

第六十七条 仲裁庭开庭场所可以设在发生争议的用人单位或者其他便于及时处理争议的地点。

第四章 调 解 程 序

第一节 仲 裁 调 解

第六十八条 仲裁委员会处理争议案件,应当坚持调解优先,引导当事人通过协商、调解方式解决争议,给予必要的法律释明以及风险提示。

第六十九条 对未经调解、当事人直接申请仲裁的争议,仲裁委员会可以向当事人发出调解建议书,引导其到调解组织进行调解。当事人同意先行调解的,应当暂缓受理;当事人不同意先行调解的,应当依法受理。

第七十条 开庭之前,经双方当事人同意,仲裁庭可以委托调解组织或者其他具有调解能力的组织、个人进行调解。

自当事人同意之日起十日内未达成调解协议的,应当开庭审理。

第七十一条 仲裁庭审理争议案件时,应当进行调解。必要时可以邀请有关单位、组织或者个人参与调解。

第七十二条 仲裁调解达成协议的,仲裁庭应当制作调解书。

调解书应当写明仲裁请求和当事人协议的结果。调解书由仲裁员签名,加盖仲裁委员会印章,送达双方当事人。调解书经双方当事人签收后,发生法律效力。

调解不成或者调解书送达前,一方当事人反悔的,仲裁庭应当及时作出裁决。

第七十三条 当事人就部分仲裁请求达成调解协议的,仲裁庭可以就该部分先行出具调解书。

第二节 调解协议的仲裁审查

第七十四条 经调解组织调解达成调解协议的,双方当事人可以自调解协议生效之日起十五日内,共同向有管辖权的仲裁委员会提出仲裁审查申请。

当事人申请审查调解协议,应当向仲裁委员会提交仲裁审查申请书、调解协议和身份证明、资格证明以及其他与调解协议相关的证明材料,并提供双方当事人的送达地址、电话号码等联系方式。

第七十五条 仲裁委员会收到当事人仲裁审查申请,应当及时决定是否受理。决定受理的,应当出具受理通知书。

有下列情形之一的,仲裁委员会不予受理:

(一)不属于仲裁委员会受理争议范围的;

(二)不属于本仲裁委员会管辖的;

(三)超出规定的仲裁审查申请期间的;

(四)确认劳动关系的;

(五)调解协议已经人民法院司法确认的。

第七十六条 仲裁委员会审查调解协议,应当自受理仲裁审查申请之日起五日内结束。因特殊情况需要延期的,经仲裁委员会主任或者其委托的仲裁院负责人批准,可以延长五日。

调解书送达前,一方或者双方当事人撤回仲裁审查申请的,仲裁委员会应当准许。

第七十七条 仲裁委员会受理仲裁审查申请后,应当指定仲裁员对调解协议进行审查。

仲裁委员会经审查认为调解协议的形式和内容合法有效的,应当制作调解书。调解书的内容应当与调解协议的内容相一致。调解书经双方当事人签收后,发生法律效力。

第七十八条 调解协议具有下列情形之一的,仲裁委员会不予制作调解书:

(一)违反法律、行政法规强制性规定的;

(二)损害国家利益、社会公共利益或者公民、法人、其他组织合法权益的;

(三)当事人提供证据材料有弄虚作假嫌疑的;

(四)违反自愿原则的;

(五)内容不明确的;

(六)其他不能制作调解书的情形。

仲裁委员会决定不予制作调解书的,应当书面通知当事人。

第七十九条 当事人撤回仲裁审查申请或者仲裁委员会决定不予制作调解书的,应当终止仲裁审查。

第五章 附 则

第八十条 本规则规定的"三日"、"五日"、"十日"指工作日,"十五日"、"四十五日"指自然日。

第八十一条 本规则自 2017 年 7 月 1 日起施行。2009 年 1 月 1 日人力资源社会保障部公布的《劳动人事争议仲裁办案规则》(人力资源和社会保障部令第 2 号)同时废止。

最高人民法院关于审理劳动争议案件适用法律问题的解释(一)

(2020 年 12 月 25 日最高人民法院审判委员会第 1825 次会议通过 2020 年 12 月 29 日公布 法释〔2020〕26 号 自 2021 年 1 月 1 日起施行)

为正确审理劳动争议案件,根据《中华人民共和国民法典》《中华人民共和国劳动法》《中华人民共和国劳动合同法》《中华人民共和国劳动争议调解仲裁法》《中华人民共和国民事诉讼法》等相关法律规定，结合审判实践，制定本解释。

第一条　劳动者与用人单位之间发生的下列纠纷，属于劳动争议，当事人不服劳动争议仲裁机构作出的裁决，依法提起诉讼的，人民法院应予受理：

（一）劳动者与用人单位在履行劳动合同过程中发生的纠纷；

（二）劳动者与用人单位之间没有订立书面劳动合同，但已形成劳动关系后发生的纠纷；

（三）劳动者与用人单位因劳动关系是否已经解除或者终止，以及应否支付解除或者终止劳动关系经济补偿金发生的纠纷；

（四）劳动者与用人单位解除或者终止劳动关系后，请求用人单位返还其收取的劳动合同定金、保证金、抵押金、抵押物发生的纠纷，或者办理劳动者的人事档案、社会保险关系等移转手续发生的纠纷；

（五）劳动者以用人单位未为其办理社会保险手续，且社会保险经办机构不能补办导致其无法享受社会保险待遇为由，要求用人单位赔偿损失发生的纠纷；

（六）劳动者退休后，与尚未参加社会保险统筹的原用人单位因追索养老金、医疗费、工伤保险待遇和其他社会保险待遇而发生的纠纷；

（七）劳动者因为工伤、职业病，请求用人单位依法给予工伤保险待遇发生的纠纷；

（八）劳动者依据劳动合同法第八十五条规定，要求用人单位支付加付赔偿金发生的纠纷；

（九）因企业自主进行改制发生的纠纷。

第二条　下列纠纷不属于劳动争议：

（一）劳动者请求社会保险经办机构发放社会保险金的纠纷；

（二）劳动者与用人单位因住房制度改革产生的公有住房转让纠纷；

（三）劳动者对劳动能力鉴定委员会的伤残等级鉴定结论或者对职业病诊断鉴定委员会的职业病诊断鉴定结论的异议纠纷；

（四）家庭或者个人与家政服务人员之间的纠纷；

（五）个体工匠与帮工、学徒之间的纠纷；

（六）农村承包经营户与受雇人之间的纠纷。

第三条　劳动争议案件由用人单位所在地或者劳动合同履行地的基层

人民法院管辖。

劳动合同履行地不明确的,由用人单位所在地的基层人民法院管辖。

法律另有规定的,依照其规定。

第四条　劳动者与用人单位均不服劳动争议仲裁机构的同一裁决,向同一人民法院起诉的,人民法院应当并案审理,双方当事人互为原告和被告,对双方的诉讼请求,人民法院应当一并作出裁决。在诉讼过程中,一方当事人撤诉的,人民法院应当根据另一方当事人的诉讼请求继续审理。双方当事人就同一仲裁裁决分别向有管辖权的人民法院起诉的,后受理的人民法院应当将案件移送给先受理的人民法院。

第五条　劳动争议仲裁机构以无管辖权为由对劳动争议案件不予受理,当事人提起诉讼的,人民法院按照以下情形分别处理:

(一)经审查认为该劳动争议仲裁机构对案件确无管辖权的,应当告知当事人向有管辖权的劳动争议仲裁机构申请仲裁;

(二)经审查认为该劳动争议仲裁机构有管辖权的,应当告知当事人申请仲裁,并将审查意见书面通知该劳动争议仲裁机构;劳动争议仲裁机构仍不受理,当事人就该劳动争议事项提起诉讼的,人民法院应予受理。

第六条　劳动争议仲裁机构以当事人申请仲裁的事项不属于劳动争议为由,作出不予受理的书面裁决、决定或者通知,当事人不服依法提起诉讼的,人民法院应当分别情况予以处理:

(一)属于劳动争议案件的,应当受理;

(二)虽不属于劳动争议案件,但属于人民法院主管的其他案件,应当依法受理。

第七条　劳动争议仲裁机构以申请仲裁的主体不适格为由,作出不予受理的书面裁决、决定或者通知,当事人不服依法提起诉讼,经审查确属主体不适格的,人民法院不予受理;已经受理的,裁定驳回起诉。

第八条　劳动争议仲裁机构为纠正原仲裁裁决错误重新作出裁决,当事人不服依法提起诉讼的,人民法院应当受理。

第九条　劳动争议仲裁机构仲裁的事项不属于人民法院受理的案件范围,当事人不服依法提起诉讼的,人民法院不予受理;已经受理的,裁定驳回起诉。

第十条　当事人不服劳动争议仲裁机构作出的预先支付劳动者劳动报

酬、工伤医疗费、经济补偿或者赔偿金的裁决,依法提起诉讼的,人民法院不予受理。

用人单位不履行上述裁决中的给付义务,劳动者依法申请强制执行的,人民法院应予受理。

第十一条 劳动争议仲裁机构作出的调解书已经发生法律效力,一方当事人反悔提起诉讼的,人民法院不予受理;已经受理的,裁定驳回起诉。

第十二条 劳动争议仲裁机构逾期未作出受理决定或仲裁裁决,当事人直接提起诉讼的,人民法院应予受理,但申请仲裁的案件存在下列事由的除外:

(一)移送管辖的;

(二)正在送达或者送达延误的;

(三)等待另案诉讼结果、评残结论的;

(四)正在等待劳动争议仲裁机构开庭的;

(五)启动鉴定程序或者委托其他部门调查取证的;

(六)其他正当事由。

当事人以劳动争议仲裁机构逾期未作出仲裁裁决为由提起诉讼的,应当提交该仲裁机构出具的受理通知书或者其他已接受仲裁申请的凭证、证明。

第十三条 劳动者依据劳动合同法第三十条第二款和调解仲裁法第十六条规定向人民法院申请支付令,符合民事诉讼法第十七章督促程序规定的,人民法院应予受理。

依据劳动合同法第三十条第二款规定申请支付令被人民法院裁定终结督促程序后,劳动者就劳动争议事项直接提起诉讼的,人民法院应当告知其先向劳动争议仲裁机构申请仲裁。

依据调解仲裁法第十六条规定申请支付令被人民法院裁定终结督促程序后,劳动者依据调解协议直接提起诉讼的,人民法院应予受理。

第十四条 人民法院受理劳动争议案件后,当事人增加诉讼请求的,如该诉讼请求与讼争的劳动争议具有不可分性,应当合并审理;如属独立的劳动争议,应当告知当事人向劳动争议仲裁机构申请仲裁。

第十五条 劳动者以用人单位的工资欠条为证据直接提起诉讼,诉讼请求不涉及劳动关系其他争议的,视为拖欠劳动报酬争议,人民法院按照普通民事纠纷受理。

第十六条　劳动争议仲裁机构作出仲裁裁决后,当事人对裁决中的部分事项不服,依法提起诉讼的,劳动争议仲裁裁决不发生法律效力。

第十七条　劳动争议仲裁机构对多个劳动者的劳动争议作出仲裁裁决后,部分劳动者对仲裁裁决不服,依法提起诉讼的,仲裁裁决对提起诉讼的劳动者不发生法律效力;对未提起诉讼的部分劳动者,发生法律效力,如其申请执行的,人民法院应当受理。

第十八条　仲裁裁决的类型以仲裁裁决书确定为准。仲裁裁决书未载明该裁决为终局裁决或者非终局裁决,用人单位不服该仲裁裁决向基层人民法院提起诉讼的,应当按照以下情形分别处理:

(一)经审查认为该仲裁裁决为非终局裁决的,基层人民法院应予受理;

(二)经审查认为该仲裁裁决为终局裁决的,基层人民法院不予受理,但应告知用人单位可以自收到不予受理裁定书之日起三十日内向劳动争议仲裁机构所在地的中级人民法院申请撤销该仲裁裁决;已经受理的,裁定驳回起诉。

第十九条　仲裁裁决书未载明该裁决为终局裁决或者非终局裁决,劳动者依据调解仲裁法第四十七条第一项规定,追索劳动报酬、工伤医疗费、经济补偿或者赔偿金,如果仲裁裁决涉及数项,每项确定的数额均不超过当地月最低工资标准十二个月金额的,应当按照终局裁决处理。

第二十条　劳动争议仲裁机构作出的同一仲裁裁决同时包含终局裁决事项和非终局裁决事项,当事人不服该仲裁裁决向人民法院提起诉讼的,应当按照非终局裁决处理。

第二十一条　劳动者依据调解仲裁法第四十八条规定向基层人民法院提起诉讼,用人单位依据调解仲裁法第四十九条规定向劳动争议仲裁机构所在地的中级人民法院申请撤销仲裁裁决的,中级人民法院应当不予受理;已经受理的,应当裁定驳回申请。

被人民法院驳回起诉或者劳动者撤诉的,用人单位可以自收到裁定书之日起三十日内,向劳动争议仲裁机构所在地的中级人民法院申请撤销仲裁裁决。

第二十二条　用人单位依据调解仲裁法第四十九条规定向中级人民法院申请撤销仲裁裁决,中级人民法院作出的驳回申请或者撤销仲裁裁决的裁定为终审裁定。

第二十三条 中级人民法院审理用人单位申请撤销终局裁决的案件,应当组成合议庭开庭审理。经过阅卷、调查和询问当事人,对没有新的事实、证据或者理由,合议庭认为不需要开庭审理的,可以不开庭审理。

中级人民法院可以组织双方当事人调解。达成调解协议的,可以制作调解书。一方当事人逾期不履行调解协议的,另一方可以申请人民法院强制执行。

第二十四条 当事人申请人民法院执行劳动争议仲裁机构作出的发生法律效力的裁决书、调解书,被申请人提出证据证明劳动争议仲裁裁决书、调解书有下列情形之一,并经审查核实的,人民法院可以根据民事诉讼法第二百三十七条规定,裁定不予执行:

(一)裁决的事项不属于劳动争议仲裁范围,或者劳动争议仲裁机构无权仲裁的;

(二)适用法律、法规确有错误的;

(三)违反法定程序的;

(四)裁决所根据的证据是伪造的;

(五)对方当事人隐瞒了足以影响公正裁决的证据的;

(六)仲裁员在仲裁该案时有索贿受贿、徇私舞弊、枉法裁决行为的;

(七)人民法院认定执行该劳动争议仲裁裁决违背社会公共利益的。

人民法院在不予执行的裁定书中,应当告知当事人在收到裁定书之次日起三十日内,可以就该劳动争议事项向人民法院提起诉讼。

第二十五条 劳动争议仲裁机构作出终局裁决,劳动者向人民法院申请执行,用人单位向劳动争议仲裁机构所在地的中级人民法院申请撤销的,人民法院应当裁定中止执行。

用人单位撤回撤销终局裁决申请或者其申请被驳回的,人民法院应当裁定恢复执行。仲裁裁决被撤销的,人民法院应当裁定终结执行。

用人单位向人民法院申请撤销仲裁裁决被驳回后,又在执行程序中以相同理由提出不予执行抗辩的,人民法院不予支持。

第二十六条 用人单位与其它单位合并的,合并前发生的劳动争议,由合并后的单位为当事人;用人单位分立为若干单位的,其分立前发生的劳动争议,由分立后的实际用人单位为当事人。

用人单位分立为若干单位后,具体承受劳动权利义务的单位不明确的,分立后的单位均为当事人。

第二十七条 用人单位招用尚未解除劳动合同的劳动者,原用人单位与劳动者发生的劳动争议,可以列新的用人单位为第三人。

原用人单位以新的用人单位侵权为由提起诉讼的,可以列劳动者为第三人。

原用人单位以新的用人单位和劳动者共同侵权为由提起诉讼的,新的用人单位和劳动者列为共同被告。

第二十八条 劳动者在用人单位与其他平等主体之间的承包经营期间,与发包方和承包方双方或者一方发生劳动争议,依法提起诉讼的,应当将承包方和发包方作为当事人。

第二十九条 劳动者与未办理营业执照、营业执照被吊销或者营业期限届满仍继续经营的用人单位发生争议的,应当将用人单位或者其出资人列为当事人。

第三十条 未办理营业执照、营业执照被吊销或者营业期限届满仍继续经营的用人单位,以挂靠等方式借用他人营业执照经营的,应当将用人单位和营业执照出借方列为当事人。

第三十一条 当事人不服劳动争议仲裁机构作出的仲裁裁决,依法提起诉讼,人民法院审查认为仲裁裁决遗漏了必须共同参加仲裁的当事人的,应当依法追加遗漏的人为诉讼当事人。

被追加的当事人应当承担责任的,人民法院应当一并处理。

第三十二条 用人单位与其招用的已经依法享受养老保险待遇或者领取退休金的人员发生用工争议而提起诉讼的,人民法院应当按劳务关系处理。

企业停薪留职人员、未达到法定退休年龄的内退人员、下岗待岗人员以及企业经营性停产放长假人员,因与新的用人单位发生用工争议而提起诉讼的,人民法院应当按劳动关系处理。

第三十三条 外国人、无国籍人未依法取得就业证件即与中华人民共和国境内的用人单位签订劳动合同,当事人请求确认与用人单位存在劳动关系的,人民法院不予支持。

持有《外国专家证》并取得《外国人来华工作许可证》的外国人,与中华人民共和国境内的用人单位建立用工关系的,可以认定为劳动关系。

第三十四条 劳动合同期满后，劳动者仍在原用人单位工作，原用人单位未表示异议的，视为双方同意以原条件继续履行劳动合同。一方提出终止劳动关系的，人民法院应予支持。

根据劳动合同法第十四条规定，用人单位应当与劳动者签订无固定期限劳动合同而未签订的，人民法院可以视为双方之间存在无固定期限劳动合同关系，并以原劳动合同确定双方的权利义务关系。

第三十五条 劳动者与用人单位就解除或者终止劳动合同办理相关手续、支付工资报酬、加班费、经济补偿或者赔偿金等达成的协议，不违反法律、行政法规的强制性规定，且不存在欺诈、胁迫或者乘人之危情形的，应当认定有效。

前款协议存在重大误解或者显失公平情形，当事人请求撤销的，人民法院应予支持。

第三十六条 当事人在劳动合同或者保密协议中约定了竞业限制，但未约定解除或者终止劳动合同后给予劳动者经济补偿，劳动者履行了竞业限制义务，要求用人单位按照劳动者在劳动合同解除或者终止前十二个月平均工资的 30%按月支付经济补偿的，人民法院应予支持。

前款规定的月平均工资的 30%低于劳动合同履行地最低工资标准的，按照劳动合同履行地最低工资标准支付。

第三十七条 当事人在劳动合同或者保密协议中约定了竞业限制和经济补偿，当事人解除劳动合同时，除另有约定外，用人单位要求劳动者履行竞业限制义务，或者劳动者履行了竞业限制义务后要求用人单位支付经济补偿的，人民法院应予支持。

第三十八条 当事人在劳动合同或者保密协议中约定了竞业限制和经济补偿，劳动合同解除或者终止后，因用人单位的原因导致三个月未支付经济补偿，劳动者请求解除竞业限制约定的，人民法院应予支持。

第三十九条 在竞业限制期限内，用人单位请求解除竞业限制协议的，人民法院应予支持。

在解除竞业限制协议时，劳动者请求用人单位额外支付劳动者三个月的竞业限制经济补偿的，人民法院应予支持。

第四十条 劳动者违反竞业限制约定，向用人单位支付违约金后，用人单位要求劳动者按照约定继续履行竞业限制义务的，人民法院应予支持。

第四十一条　劳动合同被确认为无效,劳动者已付出劳动的,用人单位应当按照劳动合同法第二十八条、第四十六条、第四十七条的规定向劳动者支付劳动报酬和经济补偿。

由于用人单位原因订立无效劳动合同,给劳动者造成损害的,用人单位应当赔偿劳动者因合同无效所造成的经济损失。

第四十二条　劳动者主张加班费的,应当就加班事实的存在承担举证责任。但劳动者有证据证明用人单位掌握加班事实存在的证据,用人单位不提供的,由用人单位承担不利后果。

第四十三条　用人单位与劳动者协商一致变更劳动合同,虽未采用书面形式,但已经实际履行了口头变更的劳动合同超过一个月,变更后的劳动合同内容不违反法律、行政法规且不违背公序良俗,当事人以未采用书面形式为由主张劳动合同变更无效的,人民法院不予支持。

第四十四条　因用人单位作出的开除、除名、辞退、解除劳动合同、减少劳动报酬、计算劳动者工作年限等决定而发生的劳动争议,用人单位负举证责任。

第四十五条　用人单位有下列情形之一,迫使劳动者提出解除劳动合同的,用人单位应当支付劳动者的劳动报酬和经济补偿,并可支付赔偿金:

(一)以暴力、威胁或者非法限制人身自由的手段强迫劳动的;

(二)未按照劳动合同约定支付劳动报酬或者提供劳动条件的;

(三)克扣或者无故拖欠劳动者工资的;

(四)拒不支付劳动者延长工作时间工资报酬的;

(五)低于当地最低工资标准支付劳动者工资的。

第四十六条　劳动者非因本人原因从原用人单位被安排到新用人单位工作,原用人单位未支付经济补偿,劳动者依据劳动合同法第三十八条规定与新用人单位解除劳动合同,或者新用人单位向劳动者提出解除、终止劳动合同,在计算支付经济补偿或赔偿金的工作年限时,劳动者请求把在原用人单位的工作年限合并计算为新用人单位工作年限的,人民法院应予支持。

用人单位符合下列情形之一的,应当认定属于"劳动者非因本人原因从原用人单位被安排到新用人单位工作":

(一)劳动者仍在原工作场所、工作岗位工作,劳动合同主体由原用人单位变更为新用人单位;

（二）用人单位以组织委派或任命形式对劳动者进行工作调动；

（三）因用人单位合并、分立等原因导致劳动者工作调动；

（四）用人单位及其关联企业与劳动者轮流订立劳动合同；

（五）其他合理情形。

第四十七条 建立了工会组织的用人单位解除劳动合同符合劳动合同法第三十九条、第四十条规定，但未按照劳动合同法第四十三条规定事先通知工会，劳动者以用人单位违法解除劳动合同为由请求用人单位支付赔偿金的，人民法院应予支持，但起诉前用人单位已经补正有关程序的除外。

第四十八条 劳动合同法施行后，因用人单位经营期限届满不再继续经营导致劳动合同不能继续履行，劳动者请求用人单位支付经济补偿的，人民法院应予支持。

第四十九条 在诉讼过程中，劳动者向人民法院申请采取财产保全措施，人民法院经审查认为申请人经济确有困难，或者有证据证明用人单位存在欠薪逃匿可能的，应当减轻或者免除劳动者提供担保的义务，及时采取保全措施。

人民法院作出的财产保全裁定中，应当告知当事人在劳动争议仲裁机构的裁决书或者在人民法院的裁判文书生效后三个月内申请强制执行。逾期不申请的，人民法院应当裁定解除保全措施。

第五十条 用人单位根据劳动合同法第四条规定，通过民主程序制定的规章制度，不违反国家法律、行政法规及政策规定，并已向劳动者公示的，可以作为确定双方权利义务的依据。

用人单位制定的内部规章制度与集体合同或者劳动合同约定的内容不一致，劳动者请求优先适用合同约定的，人民法院应予支持。

第五十一条 当事人在调解仲裁法第十条规定的调解组织主持下达成的具有劳动权利义务内容的调解协议，具有劳动合同的约束力，可以作为人民法院裁判的根据。

当事人在调解仲裁法第十条规定的调解组织主持下仅就劳动报酬争议达成调解协议，用人单位不履行调解协议确定的给付义务，劳动者直接提起诉讼的，人民法院可以按照普通民事纠纷受理。

第五十二条 当事人在人民调解委员会主持下仅就给付义务达成的调解协议，双方认为有必要的，可以共同向人民调解委员会所在地的基层人民法院申请司法确认。

第五十三条　用人单位对劳动者作出的开除、除名、辞退等处理,或者因其他原因解除劳动合同确有错误的,人民法院可以依法判决予以撤销。

对于追索劳动报酬、养老金、医疗费以及工伤保险待遇、经济补偿金、培训费及其他相关费用等案件,给付数额不当的,人民法院可以予以变更。

第五十四条　本解释自 2021 年 1 月 1 日起施行。